ZARABANDA

Workbook

By David Curland
University of Oregon

Editorial Consultant
Agnes Curland

© 1984 by EMC Corporation
By arrangement with The British Broadcasting Corporation.
All rights reserved. Published 1984

No part of this publication can be adapted, reproduced,
stored in a retrieval system or transmitted in any form or by
any means, electronic, mechanical, photocopying, recording
or otherwise without the permission of the publisher.

Published by EMC Publishing
300 York Avenue
Saint Paul, Minnesota 55101

Printed in the United States of America
0 9 8 7 6 5 4

PREFACE

This Workbook/Study Guide is intended for use with the British Broadcasting Corporation's Spanish language television series, Zarabanda. It supplements the text, ZARABANDA: Beginning Spanish (Kendall/Hunt, 1982) and contains basic grammatical explanations and additional exercises, the answers to which are available in the Answer Key for immediate self-correction. The coverage of grammar follows the same order as my original text, and the vocabulary used in the exercises is limited to that which the student should have already learned at any given point. Grammatical rules are intentionally formulated in a somewhat different way than in the original text, since experience indicates that slightly different wording often clarifies such rules for students.

The Tape Manual for the Zarabanda audio program is also provided but with the listening comprehension exercises left blank, except for the first sentence of each, which is included in order to help students locate exercises on the tape. Since these exercises are ideal for dictation practice, it was felt that their completion by the student would represent a challenge. The exercises can then be submitted to the classroom teacher for correction. For students working independently with the tapes the entire tape script is available from the EMC Corporation. Such self-study students should find this workbook very useful, since it is designed to serve the needs of those who may or may not be interested in formal credits but who need an additional source of self-correcting practice in the basic structures of the Spanish language. It may be used in conjunction with any of the other components of the multi-media package: the BBC video series Zarabanda, the accompanying audio tape program, the BBC manual, or my text ZARABANDA: Beginning Spanish. Zarabanda is proving to be an extremely exciting way to learn Spanish, combining as it does the visual impact of the video series with the use of the audio tapes and the printed materials now available. This is the first time that a truly complete multi-media program is available to the student of Spanish.

CONTENTS

CHAPTER I

PRONUNCIATION OF VOWELS IN ENGLISH AND SPANISH

In Spanish, vowels are pronounced fully whether or not they are in the stressed syllable. In English, on the other hand, the vowel in an unstressed syllable has a muted sound, referred to as schwa. This is the uh- sound heard, for example, in the pronunciation of the a in arrest, or the o in carrot.

> Ex. 1. In the four English words place a double line under the stressed vowel and a single line under all of the vowels which are pronounced as schwa.
>
> Sara
>
> parallel
>
> federal
>
> parade

The schwa in English is not a single, identical sound for all vowels. It is one or more variants of each vowel and is also shaped by surrounding sounds. The important point is not to continue the schwa habit in Spanish, but to adopt the habit of pronouncing fully all vowels, stressed or not.

GENDER OF NOUNS

Nouns in Spanish are either masculine or feminine. Masculine nouns are used with the definite article el and feminine nouns with the definite article la. Nouns referring to men, or names of men, are all masculine, and those referring to women are feminine. Almost all nouns ending in o are masculine and those ending in a are feminine.

Ex. 2.   Give the definite article for the following nouns.

1. _____ mundo   6. _____ trabajo

2. _____ casa   7. _____ camisa

3. _____ señor   8. _____ dinero

4. _____ señora   9. _____ madre

5. _____ señorita   10. _____ padre

All nouns ending in <u>tad</u>, <u>dad</u>, <u>tud</u>, <u>ión</u>, <u>ie</u>, <u>re</u>, are feminine.

Ex. 3.   Indicate the proper definite article.

1. _____ oportunidad

2. _____ lección

3. _____ conjugación

4. _____ serie

5. _____ nación (nation)

NUMBER OF NOUNS

The plural of all nouns ending in the vowels <u>o</u>, <u>a</u>, or <u>e</u>, is formed by adding <u>s</u>. The plural of the masculine definite article is <u>los</u>, and the plural of the feminine definite article is <u>las</u>. The plural of nouns ending in a consonant is formed by adding <u>es</u>. (Accents on the last syllable of words in the singular will disappear in the plural.)

Ex. 4.   Give the plural and definite article (plural) of the following nouns.

1. _____ sonrisa   6. _____ hora

2. _____ hijo   7. _____ padre

3. _____ toalla   8. _____ viaje

4. _____ madre   9. _____ mundo

5. _____ coche   10. _____ camisa

CONTRACTIONS

When the following pairs of words occur together, they are combined into single words (contractions).

de + el = del (of the)

a + el = al (to the)

Ex. 5. Insert the definite article in the following sentences or phrases, making contractions when necessary.

1. Ramiro es de _____ pueblo.

2. El viaje a _____ ciudad es largo.

3. Las oportunidades de _____ ciudad son muchas.

4. La casa de _____ señor es grande.

5. El número de _____ teléfono. . . .

6. Ramiro no va a _____ pueblo.

7. Va a _____ ciudad de Segovia.

8. Las lecciones de _____ libros . . . .

9. El padre de _____ hija. . . .

10. Es el coche de _____ padre.

POSSESSION

English has two ways of expressing possession.

a) the friend's house

b) the house of the friend

The Spanish language has no apostrophe and expresses possession as in (b).

la casa del amigo   or   de la amiga

Ex. 6. Indicate possession as in the model (remember to contract de +
        el --del when they occur together).

                    a) el padre   el pueblo

                    b) el padre del pueblo

        1. la camisa   el hombre

        2. los coches   los señores

        3. la lección   el libro

        4. el agua   la casa

        5. los hijos   el padre

        6. el trabajo   el pueblo

        7. la suerte   Ramiro

        8. las costumbres   la ciudad

        9. el vino   la casa

       10. el dinero   los padres

Ex. 7. Translate the following phrases.

        1. the father's daughter

        2. the son's money

        3. the children's mother

        4. the town's water

        5. the book's pages

        6. Ramiro's pajamas

        7. the mother's smile

        8. the town's doctor

        9. the restaurant's wine

       10. Ramiro's shirt

Ex. 8.   Provide the <u>indefinite article</u> in the following phrases.

   1. El vino de _____ pueblo.

   2. La madre de _____ hija.

   3. _____ señor de la ciudad.

   4. Las páginas de _____ libro.

   5. _____ momentos del día.

   6. _____ cura del pueblo. (refers to priest)

   7. _____ muchacho de la capital.

   8. La sonrisa de _____ madre.

   9. La serie de _____ películas.

10. El hambre de _____ muchacho.

CHAPTER II

PRONUNCIATION: <u>T</u>

An English <u>t</u> is normally pronounced with aspiration (a strong puff of air) when it is the initial sound in the word. In Spanish, this puff of air does not occur. English also drops the aspiration when <u>t</u> is preceded by other consonants, such as <u>s</u>. The Spanish <u>t</u> is dental, pronounced with the tip of the tongue against the back of the upper front teeth, whereas the English <u>t</u> is alveolar, with the tongue touching the gum ridge behind the front teeth.

Ex. 1.   In the following English words, underline the <u>t</u> when it is aspirated.

1. stone   6. tell

2. tone   7. stop

3. team   8. taco (Spanish origin)

4. steam   9. stucco

5. still   10. tall

POSITION AND AGREEMENT OF ADJECTIVES

Adjectives normally <u>follow</u> the nouns they describe. They must agree in <u>gender</u> and <u>number</u> with those nouns. Note the endings in the following combinations.

el libro moderno   los libros modernos

la camisa nueva   las camisas nuevas

el muchacho pobre   los muchachos pobres

la muchacha pobre   las muchachas pobres

la lección difícil   las lecciones difíciles

Ex. 2. Make the following combinations plural.

  1. el hotel moderno   6. el hombre viejo

  2. el hotel pobre   7. la señora simpática

  3. la casa nueva   8. el libro azul

  4. el coche grande   9. el cura viejo

  5. el día difícil   10. el guía nuevo

Ex. 3. Translate the following.

  1. the old town   6. the difficult days

  2. the new cities   7. a large book

  3. a difficult moment   8. the big problems

  4. a white wine   9. the small words

  5. the modern hotels   10. the young mechanics

SHORT FORMS OF CERTAIN ADJECTIVES

The following adjectives,which often precede the nouns they modify, drop the o before a masculine singular noun.

   buen(o), mal(o), primer(o), tercer(o), algún(o), and ningún(o)

(The latter two words add an accent when the o is dropped.)

la buena hija	but	el buen hijo
la mala palabra	but	el mal libro
la primera lección	but	el primer capítulo
alguna ciudad	but	algún pueblo
ninguna calle	but	ningún bar

Grande becomes gran before both masculine and feminine singular nouns when placed before the noun, in which case it means "great" (i.e., famous) rather than big in the sense of size. However, just as with the above adjectives, the plural forms are not shortened.

un gran hombre (a great man)

una gran ciudad (a great city)

el coche grande (a large car)

las grandes mujeres (the great women)

Ex. 4. Add the appropriate ending, when needed, to the following
adjectives (add an accent if necessary).

1. algun _____ hijo   6. el primer _____ problema

2. ningun _____ hija   7. la tercer _____ palabra

3. un gran _____ hotel   8. los buen _____ hijos

4. los gran _____ libros   9. el buen _____ padre

5. el capítulo tercer _____ 10. una gran _____ película

Ex. 5. Rewrite the following, placing the adjectives in front of the
nouns. Make spelling changes as required.

un amigo bueno   un buen amigo

1. una amiga buena   6. el hotel malo

2. el libro tercero   7. la cerveza buena

3. la lección primera   8. el vino bueno

4. una mujer grande   9. libro alguno

5. los hombres buenos   10. una revista grande

ADJECTIVES OF NATIONALITY

Adjectives of nationality ending in <u>o</u> have the same endings as regular
adjectives.

el hombre italiano   los hombres italianos

la mujer italiana   las mujeres italianas

Adjectives of nationality ending in a consonant have four forms, instead
of the usual two.

popular	popular<u>es</u>

but

inglés	ingleses
inglesa	inglesas
español	españoles
española	españolas

(The masculine singular form of such adjectives ending in -<u>s</u> or -<u>n</u> will carry a written accent.)

Ex. 6.   Add the proper endings, when needed, for the following adjectives (include a written accent if needed).

1. la señora español _____   5. los hoteles español _____

2. los hombres ingles _____   6. los ingleses popular _____

3. la casa frances _____   7. el libro frances _____

4. las mujeres ingles _____   8. las ciudades español _____

POSSESSIVE ADJECTIVES

Possessive adjectives precede the noun they describe. The following possessive adjectives are used for both masculine and feminine (<u>s</u> is added for the plural).

mi	mis	my
tu	tus	your (familiar)
su	sus	its, his, her, your, their (formal)

Like any adjective ending in <u>o</u>, the following two possessive adjectives have four forms.

nuestro	nuestros	
		our
nuestra	nuestras	
vuestro	vuestros	
		your (familiar, used in Spain)
vuestra	vuestras	

Ex. 7. Make the following plural.

1. mi amigo pobre

2. su casa moderna

3. tu amiga inglesa

4. mi hijo

5. nuestra habitación

6. nuestro profesor

7. mi viaje

8. tu oportunidad

Ex. 8. Supply the appropriate possessive adjective.

1. El cura quiere (his) _____ anís.

2. El encargado quiere (his) _____ cigarrillos.

3. Juana va a (her) _____ casa.

4. Prefiero (our) _____ hotel moderno.

5. ¿Tiene (your, formal) _____ familia aquí?

6. (My) _____ pueblo es pequeño.

7. ¿No quieres (your, familiar) _____ café?

8. Son (our) _____ amigas inglesas.

CHAPTER III

PRONUNCIATION : P and K

P and k are not aspirated in Spanish.* In English these sounds are aspirated in initial position, but unaspirated when a part of the combinations sp, or sk. In the latter case, the English is much closer to the Spanish sound.

Ex. 1.   Underline the unaspirated p or k in the following English words.

1. pit	6. cone
2. spit	7. scone
3. skit	8. scat
4. cool	9. puff
5. pal	10. scour

*Remember that the letter k is found in Spanish only in words of foreign origin but is not a part of the Spanish alphabet. The sound of k is represented in Spanish by c, followed by a, o, or u, and q, followed by ui or ue.

CARDINAL NUMBERS

The cardinal numbers in Spanish are as follows.

1	uno	11	once	21	veintiuno
2	dos	12	doce	22	veintidós
3	tres	13	trece	23	veintitrés
4	cuatro	14	catorce	24	veinticuatro
5	cinco	15	quince	25	veinticinco
6	seis	16	dieciséis	26	veintiséis
7	siete	17	diecisiete	27	veintisiete
8	ocho	18	dieciocho	28	veintiocho
9	nueve	19	diecinueve	29	veintinueve
10	diez	20	veinte	30	treinta

Note that the numbers 16-29 are usually written as one word. Compound numbers from 31-99 are written as two words.

31	treinta y uno
42	cuarenta y dos
53	cincuenta y tres
64	sesenta y cuatro
75	setenta y cinco
86	ochenta y seis
97	noventa y siete

Ex. 2. Write the Spanish words which represent the following numbers.

1. 15

2. 28

3. 84

4. 32

5. 21

Ex. 3. Write the Spanish words which represent the numbers given in the following combinations.

1. 4 amigas

2. 91 pesetas

3. 8 cartas

4. 1 sello

5. 21 ciudades

6. 5 calles

7. 30 amigos

8. 24 amigas

ORDINAL NUMBERS

The ordinal numbers in Spanish are the following.

primero(a)	first	sexto(a)	sixth
segundo(a)	second	séptimo(a)	seventh
tercero(a)	third	octavo(a)	eighth
cuarto(a)	fourth	noveno(a)	ninth
quinto(a)	fifth	décimo(a)	tenth

The ordinal numbers are less frequently used in Spanish than in English. The ordinal numbers beyond the tenth (décimo) are very seldom used.

        Pedro II (segundo)
        Carlos V (quinto)
        Alfonso XIII (trece)
        Luis XIV (catorce)

Ordinal numbers are adjectives and have the usual forms for adjectives ending in o. They may be placed either before or after the noun they describe. Primero and tercero drop the o when placed before masculine singular nouns.

Ex. 4.   Rewrite the following, placing the ordinal number in front of the noun and making any change necessary in spelling.

              Example: el libro primero   el primer libro

    1. el día tercero   5. las aguas primeras

    2. la semana cuarta   6. la casa segunda

    3. la lección tercera   7. los meses primeros

    4. el mes primero   8. el edificio tercero

SUBJECT PRONOUNS

yo	I	nosotros(as)	we
tú	you	vosotros(as)	you
él	he, it	ellos	they
ella	she, it	ellas	they
Usted	you	Ustedes	you

The tú form is used for family, children, friends, and pets. The usted form is more respectful and is used with strangers and older people. As plural for the familiar tú, Spaniards use vosotros,-as, Latin Americans use ustedes.

Subject pronouns do not normally have to be used in Spanish, but are often used for emphasis or clarification.

Ex. 5.   Substitute the proper subject pronoun for the underlined words.

    1. Maribel es la hija del gobernador civil.

    2. Los señores quieren una habitación.

    3. Ramiro es mecánico.

    4. La turista es inglesa.

5. <u>Ramiro y su madre</u> son de Piquera.

6. <u>Maribel y su amiga</u> son de Segovia.

Ex. 6. Insert the appropriate subject pronoun to give an emphatic tone to the following sentences.

1. _____ no tengo un coche.

2. ¿Hombre, qué haces _____ aquí?

3. _____ no voy a la Plaza Mayor.

4. Sí, _____ también lo prefiero.

5. Vds. sí, pero _____ no vamos a la discoteca.

SER

yo	soy	I am
tú	eres	you are (familiar)
él		he is
ella	es	she is
usted		you are (formal)
nosotros	somos	we are (a group of males; mixed group)
nosotras		we are (a group of females)
vosotros	sois	you are (familiar plural)
vosotras		
ellos		they are (masculine)
ellas	son	they are (feminine)
ustedes		you are (formal plural)

The verb <u>ser</u> indicates identity or inherent characteristics.

Examples: El muchacho <u>es</u> un buen mecánico.

Soy estudiante de medicina.

<u>Es</u> alto.

Ex. 7. Give the correct form of the verb <u>ser</u> in the following sentences.

1. Yo no _____ de Segovia.

2. Carlos no _____ experto en hombres.

3. Tú _____ la hija del gobernador civil.

4. Estas señoritas _____ mis amigas.

5. Tu coche _____ muy bonito.

6. Yo _____ el mecánico del Taller Castilla.

SER DE

<u>Ser de</u> indicates a) ownership, b) origin, or c) the material from which something is made.

a) <u>El coche es de un cliente.</u>   It is a customer's car.

b) <u>La turista es de Inglaterra.</u>   The tourist is from England.

c) <u>La casa es de ladrillo.</u>   It is a brick house.

Ex. 8. Respond to the full question in accordance with the indicated answer.

Example: ¿De quién es la casa? (el señor Gil)
La casa es del señor Gil.

1. ¿De dónde son los turistas? (Alemania)

2. ¿De quién es el coche? (un cliente del taller)

3. ¿De qué es la ventana? (vidrio)

4. ¿De qué es la casa? (madera y vidrio)

5. ¿De dónde es Ramiro? (Piquera)

6. ¿De dónde es la Srta. Skilbeck? (Inglaterra)

7. ¿De qué es el coche? (metal, vidrio, y plástico)

8. ¿De quién es la pensión? (mi amiga Carmen)

CHAPTER IV

The Spanish letter d represents two slightly different sounds: the fricative open variant, usually represented phonetically by placing a diagonal line through the d̸, and the occlusive or stop d. The fricative d̸ occurs most commonly when in between two vowels:

>   la̸do   ca̸da
>   to̸do   có̸mo̸do

Even if the vowel preceding the d is in a separate preceding word, the d̸ will still be the fricative variant:

>   de d̸onde   casa d̸e niños

The fricative d̸ will also occur within a word or group of words, as long as it is not preceded by n or l:

>   des̸de   vi̸drio   BUT   el día

> Ex. 1. In the following words place a diagonal through all the d's which represent a fricative sound.
>
> 1. poder   6. los detectives
>
> 2. sin dormir   7. el dueño
>
> 3. el dinero   8. nada
>
> 4. mucho dinero   9. la verdad
>
> 5. ¿de dónde?   10. comida

VERBS: BASIC REGULAR ENDINGS

	HABLAR	APRENDER	RECIBIR
(yo)	hablo	aprendo	recibo
(tú)	hablas	aprendes	recibes
(él) (ella) (Vd.)	habla	aprende	recibe
(nosotros)	hablamos	aprendemos	recibimos
(vosotros)	habláis	aprendéis	recibís
(ellos) (ellas) (Vds.)	hablan	aprenden	reciben

Ex. 2. Complete the following with the appropriate form of the
indicated verb.

1. Encarna no _____ mucho jamón. (comer)

2. Tú no _____ en una pensión. (vivir)

3. Vd. y yo _____ español. (hablar)

4. En España muchos estudiantes _____ inglés. (aprender)

5. Voy al centro y _____ muchas cosas. (comprar)

6. Yo no _____ francés en la clase. (hablar)

7. ¿Quién _____ la cuenta en el restaurante? (pagar)

8. Tú y yo _____ en la ciudad. (vivir)

VERBS WITH/WITHOUT PREPOSITIONS

A conjugated form of a verb is often used together with a verb infinitive,
as in English:

Quiere comer.   He wants to eat.
Va a comer.   He is going to eat.

Some verbs require no preposition:

desear   preferir   querer
pensar   prometer
poder   saber

17

Other verbs require a specific preposition.

a	de	en	con
ir a	tratar de	insistir en	casarse con
comenzar a			
ayudar a			
empezar a			

Ex. 3.   Include the proper preposition when one is required.

1. Vamos _____ pagar la cuenta.

2. Los turistas quieren _____ probar el jamón.

3. Prometo _____ ver la pensión mañana.

4. No quiero _____ escuchar sus tonterías.

5. Hoy prefiero _____ cenar en el bar.

6. Ramiro ayuda _____ reparar el coche de Antonio.

7. El trata _____ hablar con Maribel.

TENER QUE PLUS INFINITIVE

When tener is used to mean "to have to do something," it must be followed by the preposition que plus the infinitive.

Juan tiene que estudiar.   John has to study.

Ex. 4.   In the following sentences insert que when necessary.

1. Tengo _____ un examen.

2. Tengo _____ estudiar.

3. Tienes _____ pagar ahora.

4. El cliente rico tiene _____ un coche grande.

5. Yo no tengo _____ callar. Soy el jefe aquí.

6. Vd. no tiene _____ explicar nada.

7. Tiene _____ pensarlo bien.

8. Vd. no tiene _____ mucho dinero.

9. No tengo _____ escuchar sus tonterías.

10. Vd. tiene _____ estar aquí a su hora.

ESTAR

yo	estoy	nosotros	estamos
tú	estás	vosotros	estáis
él, ella, Vd.	está	ellos, ellas, Vds.	están

USES OF SER VS. ESTAR

Ser is used with nouns to denote identity.

Juan es mi amigo.   El Señor González es médico.

Estar is used to give location (whether temporary or permanent).

María está en Madrid.

Confusion may arise in knowing which verb to use with adjectives, since often both may be used but with different meaning. If the adjective denotes a temporary condition, estar is used. An inherent characteristic will require the use of ser.

El encargado es muy alto.   El jamón está frío.

Ex. 5. Use the appropriate form of either ser or estar.

1. Yo no _____ de España.

2. Las lecciones _____ difíciles.

3. Ahora él _____ en una pensión.

4. La casa de mi amiga _____ muy cerca de su taller.

5. Hoy el hombre de la taberna _____ borracho.

6. Ramiro _____ más contento en Segovia que en Piquera.

7. La cerveza ya no _____ muy fría.

8. Mis amigos _____ mexicanos.

CHAPTER V

There are two variants in the pronunciation of the Spanish <u>b</u>: a fricative (lips slightly open) sound and an occlusive (lips closed). The latter occurs only at the beginning of an utterance (i.e., a group of words pronounced without pause) or after <u>n</u>. In all other cases, the fricative ƀ (indicated phonetically by the diagonal) is heard.

> <u>Note</u>: The Spanish letters <u>b</u> and <u>v</u> represent the same sound, which can be either the occlusive or the fricative, in accordance with the above rules. The only labiodental sound in Spanish is the voiceless <u>f</u>.

Ex. 1. In the following, indicate the fricative ƀ sound by placing a diagonal through the <u>b</u> or the <u>v</u>.

1. vamos	6. ¿A dónde va?
2. otro baile	7. trabajar
3. basta	8. viene
4. voy a ver	9. vive
5. nuevo	10. en invierno

STEM-CHANGING VERBS

Some verbs have completely regular endings, in accordance with the pattern for either <u>ar</u>, <u>er</u>, or <u>ir</u>, but vary the vowel in the verb stem (defined as the root syllable, the one preceding the infinitive ending: c<u>ome</u>nzar, p<u>er</u>der, or re<u>pe</u>tir).

These vowel changes always follow the same patterns, changing all the verb forms in the singular but only the third person in the plural (i.e., not nosotros or vosotros).

```
      Singular                  Plural

   1 stem change          ┌─────────────────┐
   2 stem change          │ 1 no change     │
   3 stem change          │ 2 no change     │
                          └─────────────────┘
                            3 stem change
```

The vowel changes in the present tense are one of the following.

```
        e  ──→  ie
        o  ──→  ue
        e  ──→  i
```

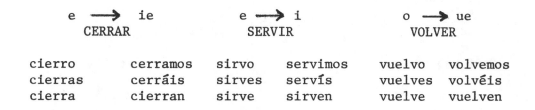

```
   e ──→ ie          e ──→ i            o ──→ ue
   CERRAR            SERVIR              VOLVER

cierro   cerramos   sirvo   servimos   vuelvo   volvemos
cierras  cerráis    sirves  servís     vuelves  volvéis
cierra   cierran    sirve   sirven     vuelve   vuelven
```

Which vowel change applies to each of the stem-changing verbs is given in most dictionaries. Like most verb forms these changes become natural with sufficient practice, until only the right verb "sounds" right.

jugar is like the o ──→ ue verbs, but changes the u ──→ ue.

```
   juego    jugamos
   juegas   jugáis
   juega    juegan
```

e - ie			o - ue		
	querer	to want		volver	to return
	preferir	to prefer		poder	to be able
	entender	to understand		dormir	to sleep
	empezar	to begin		morir	to die
	comenzar	to begin		almorzar	to have lunch
	cerrar	to close		encontrar	to find
	pensar	to think		mostrar	to show
	nevar	to snow		recordar	to remember
	sentir	to feel, regret, be sorry		llover	to rain
	perder	to lose		probar	to try on, out

e - i		
	pedir	to ask for
	servir	to serve
	repetir	to repeat
	seguir	to follow

Ex. 2. Rewrite the following verbs in the singular.

1. Preferimos café.   6. Servimos chocolate.

2. Empezamos a estudiar.   7. Probamos jamón.

3. Cerramos el taller.   8. Volvemos al pueblo.

4. Queremos coñac.   9. Pedimos cerveza.

5. Recordamos la película.   10. Repetimos las palabras.

Ex. 3. Rewrite the following verbs in the plural.

1. Pido vino.   5. Sirvo café.

2. Pienso mucho.   6. Pruebo la tortilla.

3. Cierro el coche.   7. Quiero oportunidades.

4. Duermo ocho horas.   8. Pierdo dinero.

Ex. 4. Give the correct form of the verb indicated in parentheses.

1. Maribel _____ terminar la conversación. (querer)

2. Antonio _____ cancelar el trabajo. (preferir)

3. El camarero _____ tres tintos. (servir)

4. ¡Ahora _____ dinero yo! (perder)

5. El mecánico _____ hacer la reparación. (querer)

6. Yo no _____ entender la mecánica. (poder)

7. ¿Por qué _____ tú chocolate? (preferir)

8. Tú siempre _____ tarde. (volver)

9. Morán _____ su paciencia con Ramiro. (perder)

Seguir.   e - i

Note the retention of the u in the conjugated forms of the verb whenever the g is followed by e or i. This is necessary to retain the original g sound (a g followed by e or i is pronounced like an English h: general).

```
          sigo          seguimos
          sigues        seguís
          sigue         siguen
```

VERBS WITH IRREGULAR FIRST PERSON FORMS

Some verbs classified as irregular actually are stem-changing except for the first person, which is irregular: <u>tener</u>, <u>venir</u>, and <u>decir</u> are examples of such verbs.

tener

      like <u>e</u> → <u>ie</u>   decir (like <u>e</u> → <u>i</u>)

venir

TENER		VENIR		DECIR	
tengo	tenemos	vengo	venimos	digo	decimos
tienes	tenéis	vienes	venís	dices	decís
tiene	tienen	viene	vienen	dice	dicen

PERSONAL <u>A</u>

The personal <u>a</u> is used whenever a person (or the name of a person) is the direct object of a verb. This preposition conveys grammatical information only (i.e., a noun after a verb is its object and not its subject) and is not translated into English. (The verb <u>tener</u> does not normally require the personal <u>a</u>. Also, remember that <u>ser</u> is a linking verb when used with nouns and does not take noun objects.)

Ex. 5.   Insert the personal <u>a</u> when required (contract with <u>el</u> when necessary).

1. Ramiro mira _____ Antonio en el garaje.

2. ¿Ve Vd. _____ ese mecánico?

3. Prefiero _____ una cerveza.

4. No quiere pagar tanto dinero _____ el cliente.

5. Quiero ver _____ el donjuán del coche blanco.

6. No soy _____ soltera.

7. ¡Mire Vd. _____ ese aficionado de fútbol!

8. Vamos a invitar _____ el detective.

VERBS OFTEN CONFUSED

Buscar and Mirar

These two verbs have very distinct meanings.

buscar   to look for, to search

mirar   to look at, to observe

Since both verbs have "built-in" prepositions, the only prepositions normally required will be the personal a (untranslated) when a person is a direct object.

Examples: Busco el coche.
Busco a un detective.
Miro el menú.
Miro a la chica.

Saber and Conocer

In English, the word "know" conveys both knowledge of something and acquaintance with people. In Spanish, these meanings are assigned to two different verbs.

saber   to know a fact, or how to do something

conocer   to know a person

Conocer is normally followed by the personal a. These verbs are regular in the present tense except for the first person forms, which are sé and conozco.

Ex. 6.   Insert the proper forms of either saber or conocer in each of the following sentences.

1. Ramiro dice que no _____ a mucha gente en Segovia.

2. ¿_____ Vd. bailar flamenco?

3. Yo_____ muy bien a don Francisco.

4. Prefiero no _____ nada de eso.

5. Vd. tiene que _____ mucho para ser mecánico.

6. Manuel no _____ al detective.

7. ¿Cómo _____ Vd. que yo _____ a esa chica?

24

Preguntar and Pedir

In English the verb "to ask" is used for both requesting information and asking for something. These are separate verbs in Spanish. Use preguntar only when a question is asked and pedir only when a specific object is requested.

> Me pregunta cuántos años tengo.   He asks me how old I am.
> Me pide un favor.   He asks me (for) a favor.

Ex. 7.   Insert the proper forms of either preguntar or pedir.

1. Mi amigo siempre me _____ dinero.

2. ¿Por qué _____ tú si soy de Alemania?

3. ¿Es Vd. aficionado a la mecánica? -- _____ el hombre.

4. ¿Dónde está el estanco? -- _____ la turista.

5. Tengo que _____ un favor.

6. Dice el camarero -- "¿Quiere _____ ahora?"

Tener and Hacer

Both of these verbs are used with the words calor and frío: "hot" and "cold" (or "warm" and "cool"). But tener is used when referring to people while hacer is impersonal and refers only to the weather.

> Hace buen tiempo.   Hace sol.

Ex. 8.   Give the correct form of either tener or hacer.

1. En el invierno _____ mal tiempo.

2. La gente está acostumbrada y no _____ frío.

3. Yo siempre _____ calor en el verano.

4. Nosotros _____ mucho frío aquí.

5. El enfermo _____ mucho calor.

6. En San Francisco _____ mucha niebla.

7. ¿Qué tiempo _____ en Madrid?

Ex. 9. Expressions with <u>tener</u>. From the list of words at the right select the one which most logically completes the sentence.

1. Si no duermo, tengo mucho _____.   razón

2. Si hay mucha nieve, tengo _____.   años

3. Muchas veces en verano tengo _____.   sed

4. Si no como, tengo _____.   estudiar

5. Muchas veces el profesor tiene _____.   sueño

6. Para aprender tenemos que _____.   hambre

7. Un viejo tiene muchos _____.   calor

8. Es tarde y tengo _____.   prisa

9. Si no hay agua, tengo _____.   frío

CHAPTER VI

NUMBERS

100	ciento (cien)	600	seiscientos
200	doscientos	700	setecientos
300	trescientos	800	ochocientos
400	cuatrocientos	900	novecientos
500	quinientos	1000	mil

Ciento is shortened to cien before a noun. The -os ending will become -as for feminine nouns. Note that y is used only between the tens and unit digits.

263 doscientos sesenta y tres

The word mil is not preceded by un and is not pluralized. (In Spanish a period is used instead of a comma to indicate thousands.)

1.776 mil setecientos setenta y seis

Ex. 1. Write the numbers in the following combinations.

1. 100 mujeres

2. 101 hombres

3. en el año 1.982

4. en el año 1.492

5. tiene 90 años

6. 500 palabras

7. 756 pesetas

8. 200 páginas

9. 906 dólares

DIMINUTIVES

Diminutive endings are -ito, -illo. If the noun ends in the vowel e or the consonants n or r, the endings -cito or -cillo are often used. These endings can refer to small size or express affection on the part of the speaker. There are some variations in Spanish-speaking countries as to which ending is preferred, and sometimes several endings may be used with the same word but with slightly different meanings.

> mesita   any small table
> mesilla   a night table

The most universal ending, however, is -ito. Remember that all of these endings must correspond to the original gender of the noun.

> casa   casita
> libro   librito

Ex. 2.   Use -ito (or -ita) to form the diminutives of the following nouns.

1. el muchacho

2. el hijo

3. el talento

4. el hotel

5. el papel

6. la cosa

7. la amiga *

8. la chica **

*Add u after g to preserve the g sound.
**C must change to qu to preserve the k sound.

COMPARATIVE FORMS OF ADJECTIVES

To compare adjectives use más. . . que. Remember that the adjective must still agree with the noun it modifies.

> Juan es más alto que su hermana.   John is taller than his brother.

Ex. 3.   Give the correct Spanish translations of the adjectives in parentheses.

1. La ciudad es más _____ que el pueblo. (rich)

2. Ramiro es más _____ que Maribel. (poor)

3. Mi marido es más _____ que tú. (handsome)

4. La pensión es más _____ que el hotel. (cheap)

5. Las noches son más _____ que los días. (cold)

To form the superlative of adjectives (when three or more are compared) simply add the appropriate definite article before the adjective and use _de_ instead of _que_.

> Maribel es la (chica) más guapa de Segovia.
> Maribel is the prettiest girl in Segovia.

Ex. 4. Make the comparisons indicated, combining the two elements into one sentence, according to the model.

> Model:　a) Hay tres coches. El Mercedes es el coche rápido.
>
> 　　　　b) El Mercedes es el más rápido de los tres coches.

1. Hay tres casas. La casa roja es la casa grande.

2. Hay tres estudiantes. Pedro es el estudiante alto.

3. Hay cuatro ciudades. Segovia es la ciudad grande.

4. Hay cinco pueblos. Este es el pueblo bello.

5. Hay tres libros. Este es el libro pequeño.

Ex. 5. Give the correct Spanish translation of the adjectives in parentheses.

1. El Mercedes es el coche _____ de los tres. (fastest)

2. Juana es la chica _____ de Piquera. (prettiest)

3. Las dos amigas son las chicas _____ de Segovia. (richest)

4. La mecánica es el trabajo _____ de todos. (most difficult)

5. Son las señoritas _____ de España. (most distinguished)

IRREGULAR COMPARATIVE AND SUPERLATIVE FORM OF ADJECTIVES

The few irregular forms of adjectives are as follows.

bueno	mejor	el (la) mejor
malo	peor	el (la) peor

> Este coche es mejor que el otro.
> This car is better than the other.

> La bicicleta roja es peor que la (bicicleta) azul.
> The red bicycle is worse than the blue one.

<u>A veces los amigos son mejores que los parientes.</u>
At times friends are better than relatives.

Age is expressed by the following forms.

| pequeño | menor |
| grande | mayor |

But when these refer to size alone, their forms are regular.

| pequeño | más pequeño |
| grande | más grande |

To express equality in comparisons of adjectives, use <u>tan. . . como.</u>

<u>El perrito es tan inteligente como su dueño.</u>
The little dog is as intelligent as his owner.

Equality in comparisons of nouns employs <u>tanto (-a, -os, -as)....como.</u>
<u>Tanto</u> must agree with the noun it modifies.

<u>Esta casa tiene tantas habitaciones como un hotel grande.</u>
This house has as many rooms as a large hotel.

Ex. 6. Combine the following two sentences into one by employing the appropriate form of comparisons.

Example: a) María es muy alta. Su hermana no es muy alta.
b) María es más alta que su hermana.

1. Este vino es muy bueno. El vino de casa no es muy bueno.

2. La chica tiene 18 años. Su amiga tiene 15 años.

3. El Mercedes es muy rápido. El Seat no es muy rápido.

4. Los dos hijos son altos. Los padres son altos también.

5. El chico tiene talento. El jefe tiene talento también.

6. Este libro tiene muchas páginas. Su libro tiene muchas páginas también.

7. Las iglesias son muy grandes. Los hoteles son pequeños.

8. Los días de verano son largos. Los (días) de invierno son cortos.

DIRECT OBJECT PRONOUNS

me	nos
te	os
lo, la	los, las
le	les

In both Latin America and Spain, <u>lo</u> and <u>los</u> are used as direct object pronouns for both living beings and inanimate objects of male gender. In Spain, <u>le</u> and <u>les</u> are also used often as direct object pronouns when referring to male beings.

There are two considerations in learning to use direct object pronouns in Spanish: 1) the forms of the pronouns, as given above, and 2) the position of these pronouns. The latter is not a problem when pronouns are used with infinitives, in which case the position corresponds to that of English.

Ex. 7. Answer the following questions affirmatively using a pronoun instead of the underlined noun.

Example: ¿Tiene el coche un buen <u>motor</u>?
          Sí, <u>lo</u> tiene.

1. ¿Tiene Vd. una <u>habitación</u>?

2. ¿Tiene su casa <u>dos cuartos de baño</u>?

3. ¿Conocen Vds. al <u>mecánico</u>?

4. ¿Fuma Vd. <u>cigarrillos</u>?

5. ¿Sabe Vd. el <u>número de teléfono de su amigo</u>?

6. ¿Prefieren Vds. tomar <u>el café</u> con leche?

7. ¿Tiene <u>una habitación</u>?

8. ¿Espera la modista <u>a Maribel</u>?

9. ¿Tienen Vds. <u>oportunidades</u> en su ciudad?

10. ¿Quiere aprender bien <u>el español</u>?

CHAPTER VII

IR A

The verb <u>ir</u> has the following forms.

voy	vamos
vas	vais
va	van

The verb <u>ir</u> plus <u>a</u> plus an infinitive is one way of expressing future action.

    Example: Voy a comer ahora mismo.

Ex. 1. Answer the following questions affirmatively using <u>ir a</u> plus the verb infinitive in parentheses.

        Example: ¿Tiene Vd. hambre? (comer)
                Sí, voy a comer.

1. ¿Tiene Vd. sueño?   (dormir)

2. ¿Tiene Vd. sed?   (beber)

3. ¿Tienen Vds. prisa? (correr)

4. ¿Está Vd. cansado?   (tomar una siesta)

5. ¿Tiene calor?   (abrir la ventana)

6. ¿Tienen Vds. exámenes mañana? (estudiar)

7. ¿Van a México este verano?   (hablar español)

8. ¿Va Vd. al centro? (comprar ropa)

9. ¿Puede Vd. hacer la reparación? (pedir permiso)

10. ¿Está Vd. cansado de este taller? (dejar este empleo)

SER Y ESTAR

	SER			ESTAR	
soy	somos		estoy	estamos
eres	sois		estás	estáis
es	son		está	están

Summary of Uses

Only __ser__ is used:

A. As linking verb with nouns.
   Only __ser__ is used with nouns (predicate nominative).
   It serves as a linking verb to indicate identity (name of person, profession, etc.).

> Maribel es la hija del gobernador.
> Juan es camionero.

B. To tell time.

> Es la luna.
> Son las cuatro.

C. With preposition __de__ to indicate a) origin, b) possession,
   c) material of which something is made.

> a) Luis Buñuel es de España.
> b) El coche es de un cliente, no es mío.
> c) La ropa es de algodón.

D. With adjectives to denote inherent or basic characteristics.

> La profesora es guapa.
> La alumna es inteligente.
> Los señores son jóvenes. (A basic characteristic at the time,
>   obviously not permanent.)
> Enrique es feliz. (__Feliz__ used to indicate a happy nature.)

E. To mean "to take place."   (Synonymous with __tener lugar__)

> La conferencia es aquí.

Only __estar__ is used:

A. To identify locations (permanent or not).

> El médico está en Madrid.
> Cali está en Colombia.

B. With adjectives to indicate a) temporary conditions or attributes or
   b) those dramatically different from the normal.

> a) La alumna está enferma.

Estoy ocupado en este momento.
El café está caliente.

b) ¡Estás muy guapa hoy! You are (look) pretty today (especially so)!

¡El cielo está muy azul ahora!

C. With preposition de to mean "to serve as."

Está de director en la escuela.
He is serving (working) as the principal of the school.

Está de recepcionista en el hotel.

D. With contento to mean "happy" (temporarily).

Mi amiga está contenta.

Ex. 2. Select the appropriate form of either ser or estar.

1. _____ las seis de la mañana.

2. Hoy _____ un día de fiesta.

3. El profesor dice que la alumna _____ muy inteligente.

4. La modista _____ de Madrid.

5. Ramiro _____ de mecánico en el Taller Castilla.

6. No voy a _____ mecánico toda mi vida.

7. ¡Yo _____ cansado de Vd., del taller, de todo!

8. No podemos ir al concierto. _____ muy ocupados.

9. El coche _____ en el Garaje Americano.

10. ¡Vd. tiene que _____ aquí a su hora!

DEMONSTRATIVE ADJECTIVES AND PRONOUNS

The demonstrative adjectives in Spanish are:

this	este	these	estos		that	ese	those	esos
	esta		estas			esa		esas

that	aquel	those	aquellos
	aquella		aquellas

Ese and its forms, refer to that which is near, the person addressed, or relatively nearby, while aquel and its forms refer to that which is relatively distant, away from those who are speaking.

> Este libro.   (I have it in my hand, or near me.)
> Ese libro.   (You have it, or is near you.)
> Aquel libro.   (Away from us both, perhaps not even nearby.)

These adjectives, when used without a noun, become pronouns, a change in function signified by a written accent (but no change in pronunciation). English normally adds the word "one" or "ones" to convey this meaning. Spanish never translates the latter.

> No quiero éste; quiero ése.
> I don't want this one; I want that one.

Ex. 3.   Write the appropriate form of the descriptive adjective.

> Example: Esta casa; _____ casas.
>   estas

1. Este libro; _____ libros.

2. Esa mujer; _____ mujeres.

3. Ese taller; _____ talleres.

4. Esa película; _____ películas.

5. Aquel pueblo; _____ pueblos.

6. Aquella ciudad; _____ ciudades.

Ex. 4.   Write the appropriate form of the demonstrative adjective or pronoun according to the clue given in parentheses.

1. Esta casa está muy sucia; _____ está más limpia. (far away)

2. Esa revista es buena; _____ es peor. (near me)

3. Estos cigarrillos son malos; _____ son mucho mejores.
                                                        (near you)

4. Quiero dejar _____ empleo. (the one I have)

5. _____ avión está muy lejos.

6. Prefiero subir _____ montaña en los Andes.

INDIRECT OBJECT PRONOUNS

me		nos	
te		os	
	a Vd		a Vds
le	a ella	les	a ellas
	a él		a ellos

The above pronouns are standard throughout the Spanish-speaking world. Note that the forms are identical with the direct object pronouns in first and second person singular and plural and that the forms for third person, singular and plural, serve for all genders as well as the formal "you."

The placement of indirect object pronouns is the same as for the direct, i.e., before a conjugated verb form, attached to the end of infinitives. It is important to note that the correct translation of the English indirect pronouns <u>requires</u> the above pronouns, whether or not a prepositional pronoun is added for clarification.

<u>Te leo el libro.</u>   I read (to) you the book.

The preposition <u>a</u> and one of the pronouns can be used for emphasis or clarification.

a mí		a	nosotros
a ti		a	vosotros
	Vd		Vds
a	él	a	ellos
	ella		ellas

These <u>cannot</u> be used in place of the indirect object pronouns themselves, but only to clarify, to contrast, or to emphasize.

¡Te hablo a ti, hombre!
Le hablo a Vd., y no a ella.

Even when the noun object is named, it is still common to include the pronoun (though in this case not translated).

Le hablo a María.

Ex. 5.   Translate the English pronouns in parentheses. Attach to verb when appropriate.

1. ¿Va a pagar _____ o no? (him)

2. _____ presento a mi profesor. (to you, fam.)

3. Queremos vender _____ estos coches. (to you, formal plural)

4. No _____ dice la verdad. (to me)

5. No tengo ganas de dar _____ mi coche. (to you, fam. sing.)

6. El camarero _____ trae la cuenta. (to us)

GUSTAR

The verb "like" is often translated by the Spanish <u>gustar</u>. This is a very common verb, but note that in using it, you invert the order of the English subject/object.

<u>Me gusta la película</u>. I like the film. (The film pleases me.)

Since "la película" is the subject of the verb, making it plural will cause the verb to become plural also (but remaining in the third person).

<u>Me gustan las películas</u>.

Note that a change in the English subject (I, you, he, etc.) will result in a change in the indirect object pronoun in Spanish, but not in the verb ending, which is almost always third person singular or plural.

<u>Nos gusta la película</u>.   We like the film.
<u>Les gusta el avión</u>.   They like the airplane.

It is important for two reasons to notice that the verb <u>gustar</u> is thus used differently from other verbs in Spanish. First, <u>gustar</u> itself is a high frequency verb and secondly, there are a number of other important verbs which are used in the same manner. Again, the indirect object pronouns may be emphasized or clarified by adding a prepositional phrase (either before or after the verb).

<u>A mí no me gusta un pueblo pequeño</u>.   I don't like a small town.
<u>A ella le gusta el vino</u>.   She likes the wine.

Ex. 6. Use the correct form of the indirect object pronoun.

1. A ella no _____ gustan los viajes.

2. A Ramiro _____ gustan mucho las mujeres.

3. Yo insisto que a mí no _____ gusta la película.

4. ¿_____ gusta a Vds. la casa?

5. No, ya sabemos que no _____ gusta la casa.

6. Es evidente que a ti _____ gustan los coches antiguos.

Ex. 7. Use the correct form of gustar.

1. El mecánico dice que no le _____ el taller Castilla.

2. No me _____ perder la paciencia.

3. ¿Les _____ estos pajarillos?

4. No nos _____ el café frío.

5. ¿Te _____ los turistas?

6. A mi marido no le _____ los negocios.

7. A Maribel no le _____ las matemáticas.

8. Nos _____ mucho esta conferencia.

CHAPTER VIII

PRONUNCIATION: <u>R</u>

English and Spanish pronounce the letter <u>r</u> in different ways. As is true with other letters of the alphabet, if you carry over into Spanish a response to this letter based on English habits, the result will be, at best, heavily accented, and often misunderstood. This is especially true with the Spanish <u>r</u> because it is so different from the English. In saying aloud the following English words, be aware of the movement of your tongue as you pronounce the <u>r</u>. You will note a movement of the tongue towards the back of the mouth.

       pour   roar   pearl   forum

The Spanish <u>r</u> is pronounced by placing the tongue against the gum ridge (alveolar) behind the upper teeth. When you pronounce an English "d," the tongue is in precisely the same position: mad, lad, sad. Now, by vibrating the tongue in this position, you will produce a Spanish <u>r</u>.

       por   coro   mar

Some students become exasperated at their supposed inability to produce a Spanish <u>r</u>. In such cases, the student's habit is so strong, that the tongue is automatically forming an English <u>r</u> the instant the eye sees the letter <u>r</u>. Be patient. Some people master this sound last. It may help to pronounce very quickly the following English words (the "d" sounds are very similar to the Spanish <u>r</u>).

       la<u>dd</u>er   ri<u>dd</u>le

The "t" in the following English phrase pronounced quickly, produces a very good Spanish <u>r</u>.

       pot'o tea   <u>para ti</u>

The <u>rr</u> is a multiple trilled <u>r</u>, and often contrasts with a single <u>r</u> to cause a change in meaning in pairs which are otherwise spelled identically.

       pe<u>r</u>o -- but   co<u>r</u>o -- chorus
       pe<u>rr</u>o -- dog   co<u>rr</u>o -- I run

The single <u>r</u> is pronounced as a multiple trill (<u>rr</u>) whenever it appears at the beginning of a word or after <u>n</u>, <u>l</u>, or <u>s</u> within a word.

                    Ramiro   Enrique   el r̲ío
                    el r̲eloj   la son̲risa

Ex. 1. In the following Spanish words, underline the single r̲'s which
        are really pronounced as heavily trilled r̲'s.

        1. por   5. hora

        2. risa   6. reparar

        3. Ramón   7. radio

        4. garaje   8. regla

PRETERITE TENSE

The preterite is the past tense which views acts as completed at a given
point in the past or during a specific time period. There are two sets of
endings for the preterite tense, one for a̲r verbs, and another shared by
those ending in e̲r and i̲r.

        a̲r   e̲r   and   i̲r

    é   amos   í   imos
    aste   asteis   iste   isteis
    ó   aron   ió   ieron

        COMPRAR   BEBER   SUBIR

    compré   compramos   bebí   bebimos   subí   subimos
    compraste   comprasteis bebiste   bebisteis subiste   subisteis
    compró   compraron   bebió   bebieron   subió   subieron

Ex. 2. Change the underlined verbs from the present to the preterite
        tense.

        1. El empleado l̲l̲e̲g̲a̲ tarde. _____

        2. C̲o̲m̲o̲ mucha carne. _____

        3. T̲o̲m̲a̲s̲ demasiado vino. _____

        4. Me g̲u̲s̲t̲a̲ el café. _____

        5. C̲o̲m̲p̲r̲a̲m̲o̲s̲ aceitunas en Sevilla. _____

        6. V̲e̲n̲ una película francesa. _____

        7. El alumno e̲s̲c̲r̲i̲b̲e̲ una carta. _____

        8. A̲b̲r̲e̲n̲ la ventana en el verano. _____

Ex. 3. Rewrite the following sentences, changing the verbs to the preterite and insert the adverbial expression of time (in parentheses) at the beginning.

1. Llegan dos coches.   (Ayer................)

2. ¿Cuánto dinero ganas?   (¿El año pasado ....)

3. ¿Le gusta el programa de televisión?   (¿Anoche.............)

4. Comemos dos filetes con papas fritas.   (Ayer ....)

5. Me gustan los árboles.   (El verano pasado ....)

6. Trabajo en el mismo taller.   (Anteayer................)

7. La modista me espera en casa.   (Ayer ....)

8. Aprendemos el español de la calle. (El año pasado ....)

9. ¿Por qué no escriben postales de París?   (¿El verano pasado
   ....)

Ex. 4. Answer the following questions affirmatively, using the appropriate form of the preterite tense and substituting a direct object pronoun for the underlined noun.

Example: ¿Tomó un café en el centro?
                Sí, lo tomé en el centro.

1. ¿Comió Vd. una tortilla esta mañana?

2. ¿Tomaron Vds. mucha cerveza en Alemania?

3. ¿Vio Vd. el episodio ocho esta semana?

4. ¿Escribió el ejercicio de verbos?

5. ¿Ya comieron Vds. el pescado?

6. ¿Celebraste las noticias en casa?

Ex. 5. Answer the following questions affirmatively, substituting an indirect object pronoun for the underlined noun.

Example: ¿Ya habló Vd. <u>al jefe</u>?

Sí, ya <u>le</u> hablé.

1. ¿Ya sirvió Vd. las chuletas a <u>los clientes</u>?

2. ¿Ya escribió Vd. a <u>su madre</u>?

3. ¿Ya ayudaron ellos a <u>los niños pobres</u>?

4. ¿Ya presentó Vd. a <u>su profesor</u>?

5. ¿Ya habló Vd. a <u>sus padres</u>?

CHAPTER IX

IRREGULAR VERBS IN THE PRETERITE

Endings

e	imos
iste	isteis
o	ieron

A number of verbs which are irregular in the preterite tense share the above set of endings, whether they end in -ar, -er, or -ir. You will note that, unlike the regular endings for the preterite tense, these endings have no written accents on the first and third person singular forms. These endings are used with special preterite stems, which are as follows (note the common letters in these sets).

uv	estar -- estuv tener -- tuv andar -- anduv	i	hacer -- hic* venir -- vin	
u	poder -- pud saber -- sup poner -- pus	j**	decir -- dij traer -- traj traducir -- traduj conducir -- conduj	

   * c becomes z in third person: hizo
  ** The third person plural of this group is eron rather than ieron.

Preterite of Ir and Ser

The preterite of these two verbs is identical.

fui	fuimos
fuiste	fuisteis
fue	fueron

Preterite of Dar

di	dimos
diste	disteis
dio	dieron

Ex. 1.   Complete the following, with the preterite of the indicated verb.

1. Los empleados no _____ al taller. (venir)

2. El año pasado el camionero _____ en Madrid. (estar)

3. Ramiro no _____ una carta de Maribel. (tener)

4. ¿Cuándo _____ tú las noticias? (saber)

5. Antonio no _____ la reparación. (hacer)

6. ¿Dónde _____ ellos el dinero? (poner)

7. El profesor entró, y los alumnos no _____ nada. (decir)

8. ¿Qué _____ tú en el bolsillo? (traer)

9. ¿Adónde _____ ese mecánico? (ir)

10. El jefe no me _____ permiso.   (dar)

Stem-changing Verbs in the Preterite

Stem-changing verbs ending in ar and er are regular in the preterite.
Stem-changing verbs ending in ir change the stem vowel e to i in the third
person singular and plural. Two such verbs with o as the main stem vowel
make the change from o to u in the same pattern.

pedir		dormir	
pedí	pedimos	dormí	dormimos
pediste	pedisteis	dormiste	dormisteis
pidió	pidieron	durmió	durmieron

Verbs conjugated like pedir in
the preterite: preferir, sentir,
repetir.

Another verb conjugated like
dormir in the preterite: morir.

Ex. 2.   Change the following underlined verbs from the present to the
         preterite.

1. El joven pide vino.

2. Repiten las palabras dos veces.

3. ¿Dónde duerme el pobre?

4. El cura prefiere anís.

5. En el banco piden dinero.

6. Los pobres <u>mueren</u> de hambre.

7. <u>Preferimos</u> comer en casa.

8. Algunos <u>duermen</u> en clase.

Ex. 3. Write the preterite form of the indicated verb.

   1. Los clientes no _____ nada.   (decir)

   2. La vendedora no _____ vender la figura.   (querer)

   3. Yo no _____ a la tienda.   (ir)

   4. La camarera no nos _____ limón con el té.   (dar)

   5. Juan y yo _____ que guardar la línea.   (tener)

   6. Los padres _____ unas ideas muy rígidas.   (tener)

   7. ¿Por qué _____ tú enfadado?   (estar)

   8. Anoche él _____ ocho horas.   (dormir)

Ex. 4. Write the <u>present tense</u> form of the underlined verb given in the preterite.

   1. Antonio no <u>dijo</u> la verdad.

   2. <u>Tuvimos</u> una fiesta en nuestra casa.

   3. <u>Estuve</u> enfadado con ese mecánico.

   4. Maribel <u>fue</u> tu amiga.

   5. Todos <u>fueron</u> al café.

   6. ¿Quién <u>dijo</u> eso?

   7. Me <u>pidieron</u> 40,000 pesetas por la reparación.

   8. No <u>pude</u> aceptar el regalo.

Verbs with Spelling Changes in the Preterite

In order to maintain the same consonant sounds in the conjugated form as in the infinitive, a number of verbs make the following changes in spelling in the first person singular of the preterite.

45

c	becomes	qué
g	becomes	gué
z	becomes	cé

buscar

		### llegar	
busqué	buscamos	llegué	llegamos
buscaste	buscasteis	llegaste	llegasteis
buscó	buscaron	llegó	llegaron

comenzar

comencé	comenzamos
comenzaste	comenzasteis
comenzó	comenzaron

Similar to the above are the verbs <u>tocar</u>, <u>pagar</u>, and <u>empezar</u>.

Ex. 5. Give the preterite forms of the verbs with the pronouns indicated.

1. pagar   (yo)

2. llegar   (tú)

3. empezar   (él)

4. buscar   (yo)

5. tocar   (ellos)

6. pagar   (nosotros)

Verbs with y stem in preterite endings, third person

Verbs ending in <u>uir</u> in the infinitive, as well as the verbs <u>leer</u>, <u>oír</u>, and <u>creer</u>, substitute a <u>y</u> for the <u>i</u> in the third person singular and plural.

### contribuir		### creer		### oír	
contribuí	contribuimos	creí	creímos	oí	oímos
contribuiste	contribuiste	creíste	creísteis	oíste	oísteis
contribuyó	contribuyeron	creyó	creyeron	oyó	oyeron

Ex. 6. Provide the preterite form of the verbs indicated.

1. La madre no _____ la novela.   (leer)

2. ¿_____ Vd. las últimas noticias?   (oír)

3. Ellos no me _____ .   (creer)

46

4. Maribel y su madre _____ a un salón de té.   (ir)

5. Los ricos _____ muchos regalos.   (contribuir)

6. Yo no _____ nada de eso.   (oír)

PREPOSITIONAL PRONOUNS

The pronouns which accompany prepositions are identical to the subject pronouns except for the first and second person singular.

mí -- me		nosotros	-- us
ti -- you		nosotras	
		vostros	-- you
		vosotras	
él -- him, it		ellos	-- them
ella -- her, it		ellas	-- them
Vd. -- you		Vds.	-- you

Prepositions are functional words which usually indicate a relationship between other words such as time, place or purpose. Some common prepositions are the following.

a	to, at	cerca de	near
con	with	lejos de	far from
sin	without	debajo de	under
de	of, from, about	delante de	in front of
por	for, by, through, for the sake of	enfrente de	across from
		antes de	before
para	for, in order to	después de	after
en	in, an, at	encima de	on top of
fuera de	outside of	detrás de	in back of, behind
dentro de	inside of	hacia	towards
sobre	on top of, about		

A special phonetic particle (go) is added to the preposition con when used with mí and ti: conmigo, contigo. Note that with inanimate objects, the correct pronoun is the one which agrees with the gender of the original noun (even though English translates the pronoun with the indeterminate "it").

sobre la mesa	on the table
sobre ella	on it
dentro del edificio	inside the building
dentro de él	inside it
(Note: no contraction)	

The preposition entre always takes the subject pronoun.

entre tú y yo	between you and me

Ex. 7. Translate the pronouns in parentheses to complete the following sentences.

1. El quiere salir con _____. (us)

2. ¿A _____ qué te importa? (you)

3. Este regalo fue para _____. (you, sing. formal)

4. Salió sin _____. (me)

5. A _____ no nos dijo nada. (us)

6. Maribel está enamorada de _____. (you, sing. fam.)

7. Esto fue muy difícil para _____. (them, masc.)

CHAPTER X

DIALECTS OF SPANISH

Students sometimes worry that the particular dialect to which they are most exposed in class will not be the one they finally hear and need in a specific Spanish-speaking country. Although such an eventuality is quite probable, the fear is misplaced. Dialects are defined as mutually intelligible, regional variations of the same language. Speakers of differing dialects will recognize each other's speech as different or strange, but they will communicate.

Most linguists consider that there are at least six major dialects of Spanish in Latin America: Mexican (including Southwest U.S.), Central American, Caribbean, Highlands South American, Chilean, and Southern (Río de la Plata). Peninsular Spanish is almost wholly Castillian and Andalusian (Southern Spain). Castillian --the dialect spoken with minor variations by a large number of Spaniards-- is the dialect spoken in Zarabanda. It is characterized by two major differences in pronunciation: 1) the pronunciation of the c before e or i and the z as a -th sound in a word like "though," and 2) an s which is more tense and pronounced with more friction than the s of other dialects. The other differences are mainly vocabulary. There are no real grammatical differences among any of the dialects of Spanish.

You are learning the Spanish language. Inevitably you will be exposed to various dialects in the course of learning Spanish. Feel free to imitate the one you prefer (though most students imitate their instructor's speech). The Spanish language is quite standard. Almost all problems experienced by English learners arise from interference of English, whether in pronunciation or grammar, and not because the student has learned "the wrong dialect."

PRONUNCIATION: S

The letter s (or c before i or e) in Spanish normally represents the unvoiced English "s," as in the English word "sue." The voiced English "s," the z-sound of the "s" in such words as peas, rose, posed, should be avoided in Spanish, except when the s precedes a voiced consonant such as m or d: riesgo, mismo, desde. In the latter, the s becomes voiced (a buzzing sound as in the English "z").

Ex. 1. Put a single line under the unvoiced s and a double line under
       those which are voiced.

1. rosa   6. distraído

2. cosa   7. cine

3. fiesta   8. paso

4. rasgo   9. es de

5. semana   10. este

In addition to the letter s itself, the s sound in Latin American Spanish
is also represented by the letter c followed by e or i, as well as z. In
contrast, the latter are pronounced in a large part of central Spain (and in
Zarabanda) as an interdental sound (somewhat similar to the English "th").
In no dialect should the Spanish z be pronounced as the English "z" (buzzing
sound). Note that the following pairs of words, different in meaning but
pronounced identically in Latin American dialects, are pronounced differently
in Castillian.

casa	(house)	caza	(hunt)
rosa	(rose)	roza	(rubs)
poso	(I pose)	pozo	(well)

IMPERFECT TENSE

The verb endings for the imperfect are listed below.

ar verbs		er and ir verbs	
aba	ábamos	ía	íamos
abas	abais	ías	íais
aba	aban	ía	ían

hablaba	hablábamos	podía	podíamos	vivía	vivíamos
hablabas	hablabais	podías	podíais	vivías	vivíais
hablaba	hablaban	podía	podían	vivía	vivían

The only irregular verbs in the imperfect are listed below.

ser		ir	
era	éramos	iba	íbamos
eras	erais	ibas	ibais
era	eran	iba	iban

50

In contrast to the preterite, which indicates <u>completed</u> action, the imperfect indicates activity in the past which is continuing, ongoing, customary or repeated. Notice the various ways which English employs to convey the same idea.

<u>(Yo) Compraba antigüedades.</u>   I was buying antiques.
<u>Me trataba siempre con cariño.</u>   He always used to treat me
                                                        affectionately.

<u>El detective no sospechaba nada.</u>   The detective didn't suspect anything.
<u>Ibamos al centro.</u>   We were going downtown.
<u>Hacía candelabros de bronce y</u>   He made bronze candelabras and sold
    <u>los vendía en su tienda.</u>   them in his store.

To tell time in the past, use the imperfect of the verb <u>ser</u>.

<u>Eran las cinco de la tarde.</u>   It was five in the afternoon.
<u>¿Qué hora era?</u>   What time was it?
<u>Era la una.</u>   It was one o'clock.
<u>Eran las dos.</u>   It was two o'clock.

Ex. 2.   Substitute the appropriate form of the imperfect for the verbs in parentheses.

1. Ese cinturón _____ setenta pesetas. (valer)

2. El candelabro _____ de bronce. (ser)

3. _____ las cuatro de la tarde. (ser)

4. Siempre _____ calor en verano. (hacer)

5. La tarjeta _____ en la mesa. (estar)

6. Nosotros nunca _____ suerte. (tener)

7. No le _____ aceptar regalos de sus alumnos. (gustar)

8. El joven se _____ Vicente. (llamar)

Ex. 3.   Substitute the imperfect for the underlined preterite.

1. <u>Dijo</u> mentiras a la policía.

2. <u>Tomamos</u> una cerveza en el bar.

3. Ramiro <u>reparó</u> el coche de Dolores.

4. El chico <u>fue</u> un buen mecánico.

CHAPTER XI

THE IMPERFECT VS. THE PRETERITE

Since both of these tenses describe events or conditions in the past, it is important to understand how they differ. The preterite views the past as either initiated or terminated, often with a specific time reference.

Ayer comí en el Bar de Encarna.	Yesterday I ate in Encarna's Bar.
Viví un año en Madrid.	I lived in Madrid for one year.
Empecé a escribir la novela en Oaxaca.	I began writing the novel in Oaxaca.

The imperfect, on the other hand, indicates uncompleted action, or describes conditions existing in the past.

Vivíamos en Londres en aquel tiempo.	We were living in London at that time.
El coche era de un modelo reciente.	The car was a late model.

By combining the two tenses in one sentence, one action (the preterite) interrupts the ongoing aspect of the other (imperfect).

El detective llegó cuando yo hablaba con el mecánico.
The detective came when (while) I was speaking to the mechanic.

Note how the English translation of the imperfect often conveys the same sense of continuity or habitual action, as the Spanish.

Ese día yo comía en un bar del centro cuando entró un amigo mío.
That day I was eating in a downtown bar when a friend of mine came in.

Siempre íbamos a la piscina por las tardes.
We always used to go to the pool in the afternoons.

Los candelabros antiguos eran muy caros, pero la propietaria me vendió uno a buen precio.
The antique candelabras were very expensive, but the owner sold me one at a good price.

Hacía mucho calor esa tarde y por eso no salimos.
It was very hot that afternoon, and for that reason we didn't go out.

Nadie me dijo que los frenos estaban en malas condiciones.
No one told me that the brakes were in bad condition.

In addition to their use within individual sentences, the imperfect and the preterite are used to convey the same interrelationship within entire paragraphs.

El joven vivía en un pueblo donde no había oportunidades ni dinero. No le gustaba ese ambiente tan limitado, aunque allí tenía todos sus parientes, sus amigos y una novia. El quería ver el mundo, pero al mismo tiempo tenía miedo de dejar la vida tan cómoda que tenía. Al fin decidió marcharse. Hizo la maleta y se fue, sin despedirse de nadie.

The young man lived in a village where there were neither opportunities nor money. He didn't like the very limited atmosphere, although he had there all his relatives, friends and a girlfriend. He wanted to see the world, but he was afraid of leaving the comfortable life he had. Finally he decided to leave. He packed his bag and went away, without saying goodbye to anyone.

Ex. 1.   Complete the following with either the preterite or the imperfect of the indicated verb.

1. _____ (ser) las tres de la tarde cuando _____

(llegar) el tren de Córdoba.

2. Cuando ellos _____ (vivir) en Madrid, _____ (tener)

la costumbre de salir al parque todas las tardes.

3. Yo _____ (estar) en la oficina cuando _____

(entrar) el ladrón por la ventana.

4. Ellos _____ (discutir) la política mientras nosotros

_____ (hablar) de otras cosas.

5. Un día mi hijo me _____ (decir) que él

_____ (estar) enamorado de una compañera suya.

6. La ciudad _____ (tener) muchas pastelerías y nosotros

_____ (comer) siempre demasiado.

7. Antonio _____ (preguntar) si _____ (haber)

   peligro.

8. El jefe le _____ (responder) que no.

9. El profesor _____ (decir) que no le _____

   (gustar) normalmente aceptar regalos de sus alumnos, pero ese

   día _____ (ser) una excepción.

Ex. 2.   Use the appropriate form of the preterite or the imperfect tense
         of the indicated verbs.

   El joven _____ ir a Segovia. Su amigo _____
              1. (querer)   2. (decir)

que el también _____ allí y que _____ llevarle
                    3. (ir)   4. (poder)

en su coche. _____ el día para salir del pueblo, y el
                 5. (venir)

joven _____ esperando tres horas en la carretera pero su
          6. (estar)

amigo no _____. Al fin _____ al pueblo y
             7. (llegar)   8. (volver)

_____ por teléfono a su amigo. Este _____ que
   9. (llamar)   10. (decir)

_____ mucho trabajo y que no _____ ir. El joven
   11. (tener)   12. (poder)

_____ pero no _____ remedio. _____
   13. (enfadarse)   14. (tener)   15. (salir)

otra vez a la carretera y _____ el autobús.
                              16. (coger)

THE PRESENT PARTICIPLE

   The present participle ("-ing" form of verbs) is formed by adding -ando to
the root of ar verbs, and -iendo to those of er and ir verbs.

         comprar   comprando
         comer   comiendo
         salir   saliendo

54

Many stem-changing <u>ir</u> verbs change the <u>e</u> to <u>i</u> or the <u>o</u> to <u>u</u> in the present participle.

decir	diciendo
venir	viniendo
pedir	pidiendo
sentir	sintiendo
seguir	siguiendo
dormir	durmiendo
morir	muriendo
poder	pudiendo

Verbs which have a <u>y</u> in the preterite also have the <u>y</u> in the present participle.

construir	construyendo
creer	creyendo
leer	leyendo
oír	oyendo

(The verb <u>ir</u> has the irregular form <u>yendo</u>.)

THE PROGRESSIVE TENSE

The progressive tense is used to describe graphically an action in progress (usually in the present or the past). It is formed by using the appropriate form of the auxiliary verb <u>estar</u> and the present participle.

estoy	
estás	
está	hablando
estamos	(comiendo, viviendo, etc.)
estáis	
están	

To describe an action in progress in the past, use the imperfect tense of the verb <u>estar</u>.

estaba	
estabas	
estaba	hablando
estábamos	(comiendo, viviendo, etc.)
estabais	
estaban	

To convey an even more graphic sense of action in progress, the verbs <u>seguir</u>, <u>andar</u> or <u>ir</u> may occasionally replace <u>estar</u>.

<u>Estábamos comiendo.</u>	We were eating.
<u>Seguíamos comiendo.</u>	We kept on eating.

It is important to avoid using the progressive forms routinely to translate English sentences employing a progressive tense, which should normally be translated with the simple present in Spanish.

| They are studying Spanish at school. (not necessarily at this moment) | Estudian español en la escuela. |
| Right now they are at home studying Spanish. | Ahora mismo están estudiando español en casa. |

Ex. 3. Give the present participle of the following verbs.

1. comprar

2. aprender

3. mirar

4. escribir

5. leer

6. destruir

7. oír

8. distribuir

9. pedir

10. venir

Ex. 4. Rewrite the following using the present progressive.

1. El chico hace la reparación.

2. El hombre cambia las placas del coche.

3. Los dos nadan en la piscina.

4. Tú me pides un favor.

5. Ahora dormimos la siesta.

6. Los alumnos leen novelas en clase.

7. ¿Qué dicen esos hombres?

8. Comemos demasiado.

9. Construyen un nuevo taller en el centro.

Ex. 5. Rewrite the following using the imperfect progressive.

1. La madre y la hija comían pasteles.

2. El mecánico reparaba el coche antiguo.

3. La alumna compraba una pluma en la tienda.

4. Caía una lluvia constante.

5. La joven no pedía nada a su madre.

6. El profesor enseñaba matemáticas.

7. En la radio daban las noticias.

8. La señora servía café a los turistas ingleses.

CHAPTER XII

THE PRESENT SUBJUNCTIVE

So far all verb forms have been those of the indicative mood, which is the basic verbal form in Spanish to describe objective reality. The other verbal mood in Spanish is the subjunctive. It is important to emphasize that the latter is not another tense, but a different <u>mood</u> with its own tenses. The present tense of the subjunctive is formed by adding the following endings to the first person singular of the present indicative, whether regular or irregular.

<u>ar</u>		<u>er</u> and <u>ir</u>	
e	emos	a	amos
es	eis	as	ais
e	en	a	an

From the above you will notice that the key vowel for <u>ar</u> verbs is <u>e</u>, and for <u>er</u> and <u>ir</u> verbs, <u>a</u>. These vowels are the reverse of what is normal in the indicative (<u>a</u> for <u>ar</u>, and <u>e</u> for <u>er</u> and <u>ir</u>). These vowel changes from the normal are basic to the subjunctive. They alert the ear of the listener (or reader) that a subjective attitude or unrealized event is being described. Note the full forms of the following verbs.

<u>hablar</u>	<u>comer</u>	<u>vivir</u>
hable	coma	viva
hables	comas	vivas
hable	coma	viva
hablemos	comamos	vivamos
habléis	comáis	viváis
hablen	coman	vivan

When the first person singular of the verb is irregular in the present indicative, the same irregularity will reappear in all forms of the present subjunctive.

Infinitive	First Person Indicative	Subjunctive
decir	digo	diga
hacer	hago	haga
oír	oigo	oiga
poner	pongo	ponga
tener	tengo	tenga
traer	traigo	traiga
salir	salgo	salga
valer	valgo	valga
venir	vengo	venga
conducir	conduzco	conduzca
conocer	conozco	conozca
construir	construyo	construya

Note also that all spelling changes necessary to retain the original sound of a consonant will also be seen in the present subjunctive.

g to j before a	escoja, dirija, coja
g to gu before e	juegue, pague
c to qu before e	toque
z to c before e	organice

PRESENT SUBJUNCTIVE OF STEM-CHANGING VERBS

ar and er stem-changing verbs for which the e changes to ie or the o to ue in the present indicative will have an additional change in the first and second persons plural of the present subjunctive, which will have an i or u respectively.

preferir	dormir
prefiera	duerma
prefieras	duermas
prefiera	duerma
prefiramos	durmamos
prefiráis	durmáis
prefieran	duerman

Ir stem-changing verbs which have a change from e to i in the present indicative will have an i in all forms of the present subjunctive.

pedir	seguir
pida	siga
pidas	sigas
pida	siga
pidamos	sigamos
pidáis	sigáis
pidan	sigan

The following six common verbs are irregular in the present subjunctive and should be memorized.

dar	estar	ir	haber	ser	saber
dé	esté	vaya	haya	sea	sepa
des	estés	vayas	hayas	seas	sepas
dé	esté	vaya	haya	sea	sepa
demos	estemos	vayamos	hayamos	seamos	sepamos
deis	estéis	vayáis	hayáis	seáis	sepáis
den	estén	vayan	hayan	sean	sepan

FORMAL COMMANDS

All formal commands (Vd. and Vds.) use the subjunctive forms of the verbs for both affirmative and negative.

¡Compre Vd. el coche!	Buy the car!
¡Compren Vds. el coche!	Buy the car! (plural)
¡Escriba Vd. la carta!	Write the letter!
¡Pague Vd. la cuenta!	Pay the bill!
¡Pida Vd. lo mejor!	Ask for the best!

PLACEMENT OF OBJECT PRONOUNS WITH COMMANDS

Both direct and indirect object pronouns are attached to the end of affirmative commands, but placed in front of negative commands.

¡Cómprelo! (el coche)	¡No lo compre!
¡Cómprenlo! (el coche)	¡No lo compren!
¡Escríbala! (la carta)	¡No la escriba!
¡Dígale! (al hombre)	¡No le diga!

(Note: written accents will be needed when pronouns are attached to commands.)

Ex. 1. Give the formal commands for both singular and plural (Vd. and Vds.) of the following verbs.

1. hablar _____ Vd. _____ Vds.

2. aprender _____ Vd. _____ Vds.

3. saber _____ Vd. _____ Vds.

4. pedir _____ Vd. _____ Vds.

5. servir _____ Vd. _____ Vds.

6. dormir _____ Vd. _____ Vds.

7.	jugar	_____ Vd.	_____ Vds.
8.	discutir	_____ Vd.	_____ Vds.
9.	vivir	_____ Vd.	_____ Vds.
10.	comentar	_____ Vd.	_____ Vds.

Ex. 2. With the following commands, substitute pronouns for the underlined nouns.

1. ¡Arregle Vd. la casa!

2. ¡Escriba Vd. las cartas!

3. ¡Aprenda Vd. la lección!

4. ¡No escuche Vd. el disco!

5. ¡Mire Vd. al jefe!

6. ¡Hable Vd. a sus padres!

7. ¡Escuche Vd. al profesor!

8. ¡No pida Vd. dinero a su amigo!

9. ¡No aprendan Vds. cosas inútiles!

10. ¡Explique Vd. la gramática a sus amigos!

11. ¡No diga Vd. mentiras a sus padres!

12. ¡Haga Vd. la reparación ahora mismo!

INDIRECT COMMANDS

Indirect commands, not directly addressed to the person or persons but expressed indirectly to a third party, also employ the subjunctive forms. Note the obligatory use of the word que to introduce such phrases. Object pronouns appear before the verb, as with all conjugated forms.

¡Que lo digan ellos!	Let them tell it!
¡Que no lo manden hoy!	Don't have them send it today!
¡Que vaya María!	Let Mary go!
¡Que duerman en casa!	Let them sleep at home!

Ex. 3.   Change the following to indirect commands.

Example: a) María escribe la carta.
                b) ¡Que escriba María la carta!

1. Pablo habla español.

2. Ellos me esperan en casa.

3. Tú lo comes.

4. Mi padre no lo sabe.

5. Maribel lee la revista.

6. Tú haces la reparación.

7. No duermen en clase.

8. La criada sirve café a los clientes.

CHAPTER XIII

PRONUNCIATION: G

As is the case with b and d, the Spanish g has two variants: a stop (occlusive) g and a fricative g̶. The stop g, produced by the rear surface of the tongue coming in contact with the roof of the mouth, occurs at the beginning of an utterance or after n. This sound is like the English. The fricative g̶, on the other hand, is produced by an incomplete closure at the same point of articulation and has no counterpart in English. The fricative g̶ is pronounced in all cases except when it is the initial sound or it follows n. As with b and d, it is heard most frequently between vowels as a "soft," barely enunciated sound.

stop g	fricative g̶
gordo	salg̶o
grande	pag̶o
un gato	lag̶arto
un gran hombre	una gang̶a
tengo	los reyes mag̶os
con gusto	con todo g̶usto

Note: when the g is followed by e or i it becomes a sound similar to the English h and therefore has nothing to do with the above description of g sounds. In order to retain the sound of the g when followed by e or i, a u is placed between them and the g is then pronounced in accordance with the rules for stop and fricative variants.

Ex. 1.   Place a diagonal through all the g sounds which represent a fricative variant (g̶).

1. lago

2. pagamos

3. gastar

4. mucho gusto

5. algo

6. una gata

7. ganamos

8. hago

9. sin gusto	11. halago
10. el gordo	12. con gas

FAMILIAR COMMANDS

The affirmative singular, familiar command form used with someone whom you would address as <u>tú</u>, is identical to the form of the third person singular, indicative.

> <u>¡Compra (tú) leche!</u>   Buy milk!
> <u>¡Escribe (tú) la carta!</u> Write the letter!
> <u>¡Hijo, come el pan!</u>   Son, eat the bread!

The only irregular forms are listed below.

decir	<u>di</u>	poner	<u>pon</u>	tener	<u>ten</u>
hacer	<u>haz</u>	salir	<u>sal</u>	venir	<u>ven</u>
ir	<u>ve</u>	ser	<u>sé</u>		

Ex. 2. Give the affirmative singular, familiar commands for the following words.

1. aprender	5. hacer	9. hablar
2. vivir	6. tener	10. venir
3. cuidar	7. informar	11. dormir
4. ir	8. leer	12. correr

NEGATIVE FAMILIAR COMMANDS

Negative familiar commands in both the singular (<u>tú</u>) and the plural (<u>vosotros</u>) use the subjunctive forms.

> ¡No comas (tú!
> ¡No escribas (tú)!
> ¡No salgas (tú)!
>
> ¡No comáis (vosotros)!
> ¡No escribáis (vosotros)!   used in Spain
> ¡No salgáis (vosotros)!

The plural familiar is <u>vosotros</u> in Spain. In Latin America, the familiar plural is <u>Vds.</u> and consequently uses the same verb forms as for the formal commands (in both affirmative and negative).

> ¡Coman Vds.!   ¡No coman Vds.!
> ¡Hagan Vds.!   ¡No hagan Vds.!   in Latin America

Ex. 3. Give the negative familiar commands in the singular for the following verbs.

1. leer	7. dormir
2. tener	8. oír
3. hablar	9. tomar
4. comer	10. salir
5. venir	11. hacer
6. poner	12. volar

Ex. 4. Give the negative familiar commands in the plural for the following verbs, according to usage in Spain (vosotros).

1. escribir	5. ser
2. comer	6. estar
3. leer	7. usar
4. poner	8. ir

Ex. 5. Give the negative commands in the plural for the above verbs (Ex. 4) according to usage in Latin America (Vds.).

1.	5.
2.	6.
3.	7.
4.	8.

Ex. 6. Change the following familiar commands to the formal.

1. ¡Escribe (tú)!

2. ¡Sal de aquí!

3. ¡Ponlo allí!

4. ¡No vengas ahora!

5. ¡Hazlo bien!

6. ¡Cómelo con prisa!

FAMILIAR COMMANDS, PLURAL AFFIRMATIVE

As already noted, plural familiar commands (affirmative and negative) in Latin America use the subjunctive forms for Vds., whereas Spain uses vosotros. The negative forms for vosotros are the subjunctive. The affirmative command for vosotros is formed by substituting d for the r of the verb infinitive.

tener	¡Tened (vosotros)!
ir	¡Id!
comprar	¡Comprad!

SUMMARY OF COMMAND FORMS

		Singular (Vd)	Plural (Vds)
Formal	Affirmative	Subjunctive	Subjunctive
	Negative	Subjunctive	Subjunctive

		Singular (tú)	Plural (Vds, Latin America); (vosotros, Spain)
Familiar	Affirmative	From third person singular, indicative	Subjunctive (Vds) Infinitive, d replaces r (vosotros)
	Negative	From second person singular, subjunctive	Subjunctive (Vds) Subjunctive (vosotros)

COMMAND FORMS FOR FIRST PERSON PLURAL ("Let's")

To express the idea of the English "let's," the first person plural of the subjunctive is used.

¡Comamos ahora!	Let's eat now.
¡Escuchemos las noticias!	Let's listen to the news.

The only exception is the verb **ir**, which uses the indicative.

¡Vamos ahora!	Let's go now.

Another way of expressing "let's" is to use <u>vamos a</u> plus the verb infinitive.

Vamos a comer.	Let's eat.
Vamos a escuchar las noticias.	Let's listen to the news.

Ex. 7. In the following sentences, "let's" is expressed by using <u>vamos a</u>. Change these to the alternate way of expressing the same idea.

1. Vamos a leer el periódico.

2. Vamos a hacer la reparación aquí.

3. Vamos a nadar en la playa.

4. No vamos a escuchar sus tonterías.

5. Vamos a escribir estas palabras.

6. Vamos a preparar la cena.

LONG FORMS (STRESSED) OF THE POSSESSIVE ADJECTIVE

The long forms of possessive adjectives are listed below.

mío, mía, míos, mías	my, mine, of mine
tuyo, tuya, tuyos, tuyas	your yours, of yours
suyo, suya, suyos, suyas	his, of his, her, hers, of hers, your, yours, of yours, its, of its
nuestro, nuestra, nuestros, nuestras	our, ours, of ours
vuestro, vuestra, vuestros, vuestras	your, yours, of yours
suyo, suya, suyos, suyas	their, theirs, of theirs; your, yours, of yours

The long forms of possessive adjectives must agree in gender and number with the noun modified. They are used for purposes of stress or emphasis.

su casa	your house
la casa suya	<u>your</u> house
un amigo mío	a friend of mine
amigos míos	friends of mine

If the noun is omitted, the possessive adjective becomes a noun and must be preceded by the definite article (except after the verb <u>ser</u>, when it may be omitted).

la casa mía	la mía
los coches suyos	los suyos
la hija nuestra	la nuestra
El coche es nuestro.	es nuestro

Since <u>suyo</u> may refer to <u>él</u>, <u>ella</u>, <u>Vd</u>, or <u>ellos</u>, <u>ellas</u>, <u>Vds</u>., it may be replaced by the definite article plus the specific pronoun referred to (<u>de él</u>, <u>de ella</u>, <u>de Vds</u>, etc.).

la casa suya	la (casa) de él
los coches suyos	los (coches) de ellos

Ex. 8.   In the following phrases, give the corresponding long forms of the possessive adjectives.

1. mi casa

2. mi amigo

3. su coche

4. nuestros libros

5. tu pueblo

6. su ciudad

7. mis padres

8. tus amigas

CHAPTER XIV

VERBS LIKE GUSTAR

The verb gustar, discussed earlier, uses the indirect object pronoun to express the English subject.

Me gusta el coche.	I like the car.
Me gustan los coches.	I like the cars.

In the above sentences, note that the subject of the verb gustar is coche or coches, and that the verb changes to the plural for the plural subject (coches). The above sentences may be used with any of the indirect object pronouns.

me	nos
te	os
le	les

When the name of the person or persons is given, the indirect object pronoun is still used, though it is redundant and not translated.

Le gusta a María el coche.	Mary likes the car.
Les gustan a los hermanos los coches.	The brothers like the cars.

A number of other common verbs function exactly the same way.

encantar	to delight, charm
faltar	to lack
interesar	to interest
parecer	to seem
quedar	to remain, to be left

Le encanta el arte.	Art delights him.
Me interesan las novelas científicas.	Scientific novels interest me.
Nos queda una casa.	We have one house left.
Les falta dinero para viajar.	They lack money for traveling.

Ex. 1. Give the correct form of the verb in the blanks. (present tense)

1. Me _____ todavía dos coches. (faltar)

2. Les _____ mucho la casa. (interesar)

3. A mí me _____ muy interesantes esos cuentos. (parecer)

4. A Juan le _____ el paisaje de su país. (encantar)

5. Solo te _____ setenta pesetas. (quedar)

6. Nos _____ el baile flamenco. (gustar)

7. ¿Qué le _____ los vinos de España? (parecer)

Ex. 2. Translate into Spanish.

1. He lacks money.

2. They like beer.

3. He has ten dollars left.

4. The trip delighted him.

5. They lacked talent.

6. The woman interested him.

REFLEXIVE VERBS

The subject and the object of most verbs are different. In the case of reflexive verbs, the subject is also the object of the action.

El se levanta.   He gets (himself) up.

All reflexive verbs must use the reflexive pronoun. The regular subject pronoun may also be used, sometimes for clarity or emphasis, but is not required (as is él in the above example). Without the reflexive pronoun, the verb loses its reflexive meaning.

El levanta.....   He lifts .... (something else).

Reflexive pronouns:

me	nos
te	os
se	se

70

The rules for placement of reflexive pronouns are the same as those for object pronouns; i.e., they are placed before conjugated verbs but follow, and are attached to, the infinitive, the present participle and affirmative commands. In addition to indicating reflexive meaning, reflexive verbs may also indicate emphasis.

Ex. 3. Complete the following with the appropriate reflexive pronoun.

1. _____ levantamos a las ocho.

2. (Yo) _____ baño todos los días.

3. (Ellos) _____ despiertan muy temprano.

4. ¡Duerma _____ Vd.!

5. Siempre _____ diviertes mucho en la feria.

6. Parece que esta mañana no _____ afeitaste.

7. Los niños no quieren acostar _____ nunca.

8. ¿Cómo _____ llama su perro?

9. ¿Por qué _____ enojó el jefe con el empleado?

Ex. 4. Insert the appropriate form of the verb in parentheses.

1. Los obreros _____ después del trabajo. (bañarse)

2. Ayer el estudiante _____ pronto en clase. (aburrirse)

3. Todas las tardes los niños _____ en el parque.
   (divertirse)

4. Anoche los dos amigos _____ durante la conferencia.
   (dormirse)

5. ¿A qué hora _____ Vd.? (acostarse)

6. Al entrar en casa (nosotros) _____ los zapatos.
   (quitarse)

7. Vd. tiene que _____ la cara. (lavarse)

RECIPROCAL PRONOUNS

The reflexive pronouns nos and se may be used to mean "each other."

   Se quieren mucho.   They like (love) each other a lot.
   Nos besamos.   We kiss each other.

TWO OBJECT PRONOUNS

When a direct and an indirect object pronoun are used together, the latter precedes the former. They will precede the verb except in the case of the infinitive, present participle or affirmative command, in which cases they follow, and are attached to, the verb (same rules as for object and reflexive pronouns in general).

me				
te	lo	los	<u>Me lo dio.</u>	He gave it to me.
			<u>Me la dio.</u>	He gave it to me.
nos			<u>Me los dio.</u>	He gave them to me.
os	la	las	<u>Me las dio.</u>	He gave them to me.

<u>Le</u> or <u>les</u> becomes <u>se</u> when used with a direct object pronoun.

	lo	los			her
se			Se lo dio.		him
	la	las		He gave it to	you
					them.

Since <u>se</u> may represent either <u>le</u> or <u>les</u>, or any of the pronouns of the third person, it is often clarified with a prepositional phrase.

	lo (los)			él (ellos)
se			dio a	ella (ellas)
	la (las)			Vd. (Vds.)

Ex. 5.   Substitute a pronoun for the underlined noun.

1. Vd. no me dio <u>la cuenta</u>.

2. El va a mandarme <u>la carta</u> mañana.

3. ¡No le diga Vd. <u>esa historia</u>!

4. Anoche me robaron <u>la cartera</u> en la calle.

5. El hombre nos dijo <u>sus mentiras</u> sin vergüenza.

6. Yo les vendí <u>la casa</u> ayer.

7. Ellos le sirvieron <u>café</u> en la terraza.

SUBJUNCTIVE AFTER VERBS OF PERSUASION

The subjunctive, as its name indicates, is primarily a second verb in a sentence, and results from the nature of the primary verb. Thus certain verbs or expressions will almost always cause the use of the subjunctive in a clause or phrase. In general, such verbs or expressions indicate an unrealized, hypothetical or doubtful act or condition. One category of verbs which requires the subjunctive in a subsequent verb is that which can be called verbs of persuasion, often expressing a desire, will or command.

<u>Ella quiere que el mecánico arregle el coche.</u>
She wants the mechanic to fix her car.

<u>El padre no quiere que la hija salga a esas horas.</u>
The father doesn't want his daughter to go out at such hours.

If the subject of the main verb is the same as for the second verb, then the subjunctive is not required.

<u>Ella quiere arreglar su coche.</u>   She wants to fix her car.
<u>El padre no quiere salir a esas</u>   The father doesn't want to go out
   <u>horas.</u>   at such hours.

<u>Common Verbs of Persuasion which Require the Subjunctive</u>

aconsejar	mandar
desear	pedir
hacer	permitir
impedir	preferir
insistir	querer

Ex. 6.   Give the correct form of the verb in parentheses.

1. El no quiere que tú _____ esas novelas. (leer)

2. El médico me aconseja que _____ a la playa. (ir)

3. No permiten que los alumnos _____ en clase. (dormirse)

4. El jefe insiste que él _____ a tiempo. (volver)

5. Prefiere que nosotros lo _____ a mano. (hacer)

6. Queremos que (tú) _____ a tiempo. (levantarse)

7. El cliente pide que (nosotros) _____ el coche hoy mismo. (arreglar)

Ex. 7. Translate into Spanish.

1. He wants us to go.

2. He asks me to buy a bottle of red wine.

3. I prefer you to do it now. (tú)

4. The boss says for you (tú) to paint it red.

5. They insist that we drink coffee with them.

6. I don't advise you to make the trip in summer. (Vd.)

7. I want you to read this book. (Vd.)

8. He doesn't allow us to watch television.

CHAPTER XV

REFLEXIVE <u>SE</u> USED AS PASSIVE

The reflexive pronoun <u>se</u> is used with the third person singular or plural of verbs to express passive meaning. It is used when the agent or subject of the action is not specified, and is translated into English in any of several ways.

<u>Se habla español.</u>   Spanish is spoken.
<u>Se escriben las palabras así.</u>   The words are written like this.

(Note the agreement of the
verb with its noun subject.)

<u>Se vendió la casa el año pasado.</u> The house was sold last year.
<u>Se dice que es muy rico.</u>   It is said that he's very rich.
<u>¿Cómo se pronuncia esta palabra?</u> How is this word pronounced?

Ex. 1.   Use the reflexive <u>se</u> of the verbs in parentheses to complete the following sentences.

1. ¿A qué hora _____ la tienda? (cerrar)

2. En el Brazil _____ portugués. (hablar)

3. ¿Cómo _____ eso en inglés? (decir)

4. En Taxco _____ cosas de plata. (vender)

5. _____ que salió de Cuba. (decir)

6. En los EEUU ya no _____ el chorizo así. (preparar)

7. En España _____ muchos mariscos. (comer)

8. En Alemania _____ la sopa con huevos. (tomar)

Ex. 2. Convert the following sentences into impersonal, passive statements by eliminating the underlined subject and substituting the reflexive se. (In some cases it may be necessary to change the verb from singular to plural, or vice-versa.)

1. El dueño vendió la casa ayer.

2. Los niños hablan español.

3. El maestro pronuncia la palabra así.

4. La gente dice que el presidente no es muy honrado.

5. Los jóvenes nadan mucho aquí en verano.

6. Pablo come la trucha con limón.

7. El señor preparaba la ternera con una salsa picante.

8. El estudiante aprende muchas lenguas.

9. Los clientes toman el aperitivo antes de comer.

POR and PARA

These two prepositions can be confusing, since they are often translated by the same English word (usually "for" or "by"). The best way to learn to use these two important words is through examples which illustrate the ideas they convey. Note the varying ways they are translated (underlined in the English sentence).

PARA

destination	Iba para la playa.	He was going towards the beach.
	Sale para Madrid mañana.	She is leaving for Madrid tomorrow.
	El regalo es para el profesor.	The gift is for the teacher.
purpose	Estoy leyéndolo para divertirme.	I am reading it for amusement.
	Estudia para médico.	He is studying to be a doctor.
contrast	Para un viejo, es muy ágil.	He is very agile for an old man.
time limit	Lo necesito para las dos.	I need it by two.

POR

agent or means	Escrito por García Márquez.	Written by García Márquez.
time duration	Estuvo allí por dos horas.	He was there for two hours.
in exchange for	Me lo dio por el coche.	He gave it to me for the car.
to mean "through" or "along"	Anda por las calles vendiendo sus cosas.	He walks along the streets selling his things.
to mean "in favor of" or "on behalf of"	Lo hizo por su país.	He did it for his country.
an indefinite time or place	por esas fechas por allá	around that time over there
to mean "per" as in English	cincuenta pesetas por kilo	fifty pesetas per kilo

In addition, por and para are used with specific verbs with set meanings. These are best memorized separately.

ir por	to go for (someone or something)
volver por	to return for
venir por	to come for
estar por	to be in favor of, or in the mood to
estar para	to be on the point of
tomar por	to be taken for (considered as)
servir para	to be useful for
quedar por	to remain to be done.

Finally there are expressions using por or para with fixed meaning.

para siempre	forever
por hora	by the hour
por ciento	per cent
por tren (coche, etc.)	by train (car, etc.)
para mí (ti, etc.)	in my (your, etc.) opinion
por teléfono	by phone
por favor	please

Ex. 3.   Use <u>por</u> or <u>para</u> to complete the following sentences.

1. Se necesita dinero _____ viajar.

2. Me dio 40 mil _____ la reparación.

3. El chico estuvo en Segovia _____ un año.

4. Necesito el coche _____ mañana.

5. Habla tan bien que le tomaron _____ español.

6. Mi amigo vino _____ avión.

7. Estudio _____ arquitecto.

8. Compró la pluma _____ su maestro.

9. El padre fue _____ su hijo a las tres.

10. Queda mucho trabajo _____ hacer.

Ex. 4.   Translate the underlined word with <u>por</u> or <u>para</u>.

1. He left <u>for</u> Madrid yesterday.

2. They were in the country <u>for</u> a month.

3. This house is built to last <u>for</u>ever.

4. He looks well <u>for</u> a person who just came from the hospital.

5. Those plates are <u>for</u> soup.

6. Be back <u>by</u> evening!

7. Written <u>by</u> Cervantes....

8. He paid cash <u>for</u> the car.

9. The news was spread <u>by</u> television.

10. These shoes are <u>for</u> running.

11. He is going to school <u>in order to</u> become a teacher.

12. She will come <u>for</u> me soon.

13. They jumped <u>through</u> the window.

14. They took him <u>for</u> a native.

15. It is <u>about to</u> rain.

DOUBLE NEGATIVE

The following are negative counterparts of the affirmative words in parentheses:

nada (algo)   nothing (something)
nadie (alguien)   no one (some one)
ninguno (alguno)   none (some)
nunca (siempre)   never (always)

Whenever one of the above negative words follows the verb, the verb must be preceded by no (exactly contrary to English, which considers such a double negative as incorrect).

No conoce a nadie.   He doesn't know anyone.
No come nada.   He doesn't eat anything.
No salgo nunca.   I never go out.

However, if the negative word precedes the verb, the no is not used.

Nunca salgo.   Nada come.

Ex. 5.   In the following sentences, place the underlined negative word after the verb, and make any other changes that are necessary.

1. Nunca me escribe una carta.

2. ¡Nada sabe ese tonto!

3. Nunca tomamos vino tinto.

4. ¿A nadie conoces en toda la ciudad?

5. ¡Nada me dio mi amigo!

6. Ninguna persona entiende lo que dices.

Ex. 6.   Convert the following to negative statements by using the negative counterpart of the underlined affirmative words, as in the model. Make any other changes necessary, but retain the same word order.

Example: Come siempre.   No come nunca.

1. Tiene algo que decir.

2. Conoce a alguien en Puebla.

3. Dice eso siempre.

4. Vendió _algún_ coche ayer.

5. Eso es _algo_ importante.

6. _Alguien_ lo sabe.

EQUIVALENTS OF "TO BECOME"

A number of verbs are used to translate "to become," but they are not interchangeable and should be used according to the following guidelines.

Ponerse -- physical or emotional changes.

Se puso pálido.	He became (turned) pale.
Se puso enferma.	She became ill.

Hacerse -- result of conscious effort.

Se hizo abogado.	He became a lawyer.
Se hicieron amigos.	They became friends.
Se hizo rica.	She became wealthy.

Llegar a ser -- long-range changes.

Llegó a ser gobernador.	He became the governor.
Sevilla llegó a ser una ciudad importante.	Seville became an important city.

Volverse a - sudden changes of a personal nature.

Se volvió loco.	He went crazy.

Convertirse en -- physical changes (nature).

Se convirtió en un enorme río.	It became an enormous river.

Ex. 7. Complete the following with the appropriate translation of "to become" in the preterite tense.

1. El joven _____ presidente de la empresa.

2. Don Quijote _____ loco después de leer tantos libros.

3. La hija _____ mejor después de una enfermedad.

4. De comer tanto (tú) _____ gordo.

80

5. Pudo _____ mecánico con mucha práctica.

6. Yo _____ rojo de vergüenza.

7. Cuando le dijeron la verdad, él _____ pálido.

8. En aquella época, España _____ uno de los países

más importantes de Europa.

CHAPTER XVI

PRONUNCIATION: <u>L</u>

The English and the Spanish <u>l</u> are quite different, and pronouncing an English <u>l</u> will betray a strong accent. The English <u>l</u> to be avoided especially is the one found after a vowel at the end of a word. In this position, it is most lax, and the tongue is held in almost the same position as for the <u>schwa</u> vowel of <u>a</u>. The Spanish <u>l</u> is much more tense, the tongue is held higher, and in the same position as for the vowel <u>i</u>. The following pairs of words, though spelled almost identically in the two languages, have very different sounds as a result of the difference in the <u>l</u>.

<u>English</u>	<u>Spanish</u>
tall	tal
mall	mal
Saul	sal
call	cal

Note that the double <u>ll</u> is a single letter in the Spanish alphabet with its own pronunciation (normally as a <u>y</u> -- <u>llamas</u>, or, in some dialects, an <u>ly</u>).

FUTURE TENSE

There is one set of endings for all verbs in the future tense.

é	emos
ás	éis
á	án

Unlike previous verb tenses you have learned, this set of endings is added to the entire infinitive.

<u>Hablar</u>		<u>Beber</u>		<u>Vivir</u>	
hablaré	hablaremos	beberé	beberemos	viviré	viviremos
hablarás	hablaréis	beberás	beberéis	vivirás	viviréis
hablará	hablarán	beberá	beberán	vivirá	vivirán

Irregularities in the future tense are few and involve a slight modification in the verb infinitive.

drop e from verb infinitive: change e or i to d:

caber	cabré, etc.	poner	pondré, etc.
haber	habré, etc.	salir	saldré, etc.
poder	podré, etc.	tener	tendré, etc.
querer	querré, etc.	valer	valdré, etc.
saber	sabré, etc.	venir	vendré, etc.

Two verbs with more irregular infinitives in the future are decir, hacer.

decir	diré, etc.
hacer	haré, etc.

The impersonal hay (originally from the verb haber) is habrá (no change for singular or plural) in the future.

Habrá un cambio en España.   There will be a change in Spain.

Remember, as pointed out previously, that an informal way to express future time is to use ir a plus the infinitive.

Voy a probar la sopa.   I'm going to taste the soup.

The future tense is often used to express probability, wonder or uncertainty in the present.

¿Dónde estará Juan?   I wonder where John is?
Estará en el colegio.   He must be at school.

Ex. 1. In the following sentences, the future tense is expressed by using ir a plus the infinitive. Substitute the true future tense, retaining the same subject.

1. Voy a hablar con el jefe.

2. Vamos a aprender mucho aquí.

3. El no te va a decir nada.

4. El ejército va a atacar esta noche.

5. ¿A qué hora vamos a salir?

6. Vas a tener muchos problemas en Madrid.

7. Van a hacerme una paella española.

8. Sus memorias van a salir en un libro.

9. Mis parientes van a venir mañana por tren.

Ex. 2. Change the verbs in the following sentences from the present to the future changing the word <u>hoy</u> to <u>mañana</u>.

Example: a) Hoy comemos en casa.   b) Mañana comeremos en casa.

1. Hoy no viene mi amigo.

2. Hoy tienen mucho trabajo.

3. Hoy es cuestión de política.

4. Hoy no hago nada.

5. Hoy me dicen mentiras.

6. Hoy no puedes rechazarlo.

7. Hoy conviene salir más temprano.

8. Hoy sabemos la solución.

9. Hoy los ciudadanos tienen miedo.

SUBJUNCTIVE WITH VERBS OF EMOTION

Verbs which express an emotional response result in the use of the subjunctive in the second verb.

<u>Se alegra que estés mejor.</u>   He's glad that you are better.
<u>Siento que no tengas tiempo</u>   I'm sorry that you don't have
   <u>para verme.</u>   time to see me.

Common verbs of emotion which govern the subjunctive.

alegrarse	to be glad
esperar	to hope
enfadarse (con)	to be angry
preocuparse	to worry
sentir	to regret
temer	to fear
tener miedo	to be afraid

Remember that when the subject of the second verb is identical to that of the primary verb, the subjunctive is not required and the infinitive is often used instead.

84

<u>Me alegro de estar mejor.</u>	I'm glad to be better.
<u>Siento no tener tiempo para</u> <u>verte</u>.	I'm sorry not to have time to see you.

Ex. 3.   Combine the following into one, making necessary changes, as in the model.

       Example: a) Me alegro mucho. María está de vuelta.
                  b) Me alegro mucho que María esté de vuelta.

1. Me alegro.   El no está enfermo.

2. Siento mucho.   Tú no puedes venir.

3. El jefe se enfada.   El empleado llega tarde siempre.

4. Nos preocupamos mucho.   La hija no duerme.

5. Ellos sienten.   No viene pronto el verano.

6. Espero.   Vds. hablan inglés.

7. Me preocupo.   No son mis amigos.

8. Me enfado.   No saben la respuesta.

Ex. 4.   Review of subjunctive. Translate the following sentences into Spanish.

1. I don't want him to go.

2. They prefer me to drink milk.

3. I insist that you become a lawyer.

4. He asks me to read to him.

5. She is glad that they are coming early.

6. I regret not to be able to go.

7. He regrets that we aren't going with him.

8. He is angry that the car is not fixed yet.

9. They insist that we reject the proposal.

10. I hope that you will learn Portuguese too.

CHAPTER XVII

SUBJUNCTIVE AFTER IMPERSONAL EXPRESSIONS

Impersonal expressions often express some degree of subjectivity: doubt, probability, uncertainty, emotion, or preference. They therefore require the subjunctive. Here is a list of some of the common such expressions.

es aconsejable	it is advisable
basta	it is enough, sufficient
es bueno	it is good
conviene	it is proper, fitting, convenient
es difícil	it is difficult
es fácil	it is easy
importa	it is important
es importante	it is important
es imposible	it is impossible
es lástima	it is a pity
es malo	it is bad
es mejor	it is better
es menester	it is necessary
es necesario	it is necessary
es posible	it is possible
es preciso	it is necessary
es probable	it is probable
es raro	it is rare

As is always the case, the absence of an expressed subject for the second verb will result in the use of a dependent infinitive, rather than a clause beginning with que and the subjunctive.

Es necesario leer más.	It's necessary to read more.
Es necesario que Vd. lea más.	It's necessary for you to read more.

86

Ex. 1. Use the expression in parentheses in each of the following sentences, as in the model.

Example: a) Sigue en el mismo camino. (Es necesario)
            b) Es necesario que Vd. siga en el mismo camino.

1. Vds. me acompañan. (Es necesario)

2. El no acepta la carta. (Es imposible)

3. Mañana salen de viaje. (Es probable)

4. Vd. toma un taxi. (Es lástima)

5. El médico no lo recuerda. (Es posible)

6. Hace frío en el verano. (Es raro)

7. Ella va a un balneario. (Es importante)

8. Dormimos ocho horas. (Conviene)

Ex. 2. Translate the following sentences into Spanish.

1. It's important for you (tú) to read a newspaper.

2. It's a pity they're sick.

3. It's proper for him to recommend medicine.

4. It's necessary to go with a bodyguard.

5. It's likely that they will reject the proposal.

6. It's easy for him to say that.

7. It's enough that you write two pages.

8. It's bad that he doesn't have a plan.

SUBJUNCTIVE WITH VERBS OR EXPRESSIONS OF DOUBT

Any verb or expression implying doubt or negation will take the subjunctive. The following is a list of such verbs or expressions.

no creer	not to believe
dudar	to doubt
es dudoso	it is doubtful
hay duda	there is doubt
negar	to deny
no es cierto	it is uncertain

The negative of any of these (as a result of inserting or dropping the no) results in an affirmative statement which takes the indicative.

Subjunctive:

No es cierto que venga.   It isn't certain he's coming.
Dudo que lo sepa.   I doubt that he knows (it).

Indicative:

Es cierto que viene.   It is certain that he's coming.
No dudo que lo sabe.   I don't doubt that he knows (it).

Ex. 3. Change the following sentences to statements of doubt by deleting or adding the word no, and changing the underlined word to the subjunctive.

1. Es cierto que Vicente quiere a Maribel.

2. No es dudoso que ella va a casarse.

3. No niego que ellos han cambiado de opinión.

4. Creo que esto es muy bonito.

5. No hay duda que aquí me conoce mucha gente.

6. El jefe cree que viene un cliente nuevo.

THE PAST PARTICIPLE

The past participle is formed by adding ado to the verb stem of ar verbs, and ido to the stems of er and ir verbs.

hablar   hablado (spoken)
comer   comido (eaten)
aprender   aprendido (learned)

The following are the most common irregular past participles.

abrir	abierto	ver	visto
cubrir	cubierto	morir	muerto
descubrir	descubierto	poner	puesto
escribir	escrito	volver	vuelto
freír	frito	decir	dicho
romper	roto	hacer	hecho

The i is accented in past participles when it occurs following another vowel.

creído   oído   caído

PRESENT PERFECT TENSE

All perfect tenses employ the verb <u>haber</u> and the past participle, which remains unchanged for feminine or plural. The present perfect uses the present tense of <u>haber</u>.

<pre>
        he   hemos
        has   habéis
        ha   han
</pre>

This tense is used to describe action or a condition occurring in the past, usually the recent past. It is often used in Spain instead of the preterite. Object pronouns precede the conjugated forms of the verb <u>haber</u>.

<u>El encargado ha llegado.</u>	The manager has arrived.
<u>Me ha escrito una carta.</u>	He has written me a letter.

Ex. 4. Give the past participles of the following verbs.

1. tomar   6. romper

2. vivir   7. ser

3. armar   8. poner

4. hacer   9. escribir

5. ver   10. volver

Ex. 5. Complete the following with the appropriate form of the present perfect of the verb in parentheses.

1. Los mecánicos _____ muy temprano. (empezar)

2. La chica _____ aquí con su amigo. (estar)

3. Nosotros _____ muy tarde. (volver)

4. Alva _____ el Presidente de la República. (ser)

5. Alguien _____ este anuncio. (escribir)

6. Ellos _____ un gran placer en conocerle. (tener)

7. El me _____ mucho de Vd. (hablar)

8. Yo _____ las cosas bien. (hacer)

9. Las cosas no _____ mal. (ir)

10. El detective no _____ nada. (ver)

Ex. 6.   Replace the underlined noun object with the appropriate object pronoun, and place in the correct position, as in the model.

Example: a) Han escrito una carta.   b) La han escrito.

1. He recibido una postal.

2. Hemos mandado recuerdos de nuestra parte.

3. Me ha vendido su colección de arte.

4. Hemos conocido a sus amigas.

5. He hecho las cosas bien.

6. Han comprado una nueva casa.

7. Me ha leído la carta.

8. Mi amigo ha tenido su cumpleaños hoy.

CHAPTER XVIII

USE OF PAST PARTICIPLES

Past participles are commonly used as adjectives with nouns or with the verb _estar_. Like all adjectives they must agree with the subject in gender and number.

el libro cerrado	the closed book
La puerta está cerrada.	The door is closed.
Las puertas están cerradas.	The doors are closed.

As is true of many adjectives, past participles become nouns when used with articles.

el hecho	the deed (or fact)
los casados	the married (people)
los vivos	the live (ones)

Certain past participles are especially common, and are used with fixed gender.

la llegada	arrival
la salida la ida	departure
la vuelta	return
ida y vuelta	round trip
el hecho	deed, fact
el cubierto	place setting (at table)

Ex. 1. By using _estar_ and the past participle instead of the present perfect, change the following sentences to statements indicating the result of the action. Make all necessary changes, as in the model.

Example: La reina ha muerto.   La reina está muerta.

1. He abierto los libros.

2. He perdido el dinero.

3. He escrito dos páginas.

4. He preparado la carne.

5. El invierno ha cubierto el campo de nieve.

6. Hemos hecho el trabajo.

SUBJUNCTIVE IN ADJECTIVE CLAUSES

Adjective clauses are entire clauses which function as adjectives by modifying a noun (the antecedent) in the main clause. Whenever the antecedent is indefinite or non-existent, the verb in the adjective clause is in the subjunctive. Note the contrast in the following sentences.

Conozco a un muchacho que habla ruso.

No conozco a ningún muchacho que hable ruso.

Ex. 2. Insert the appropriate form of either the subjunctive or the indicative of the verbs in parentheses.

1. No hay nadie que _____ coches tan antiguos. (arreglar)

2. Necesito alguien que me _____. (ayudar)

3. Busco una chica que _____ enseñarme inglés. (poder)

4. Aquí hay un señor que _____ bailar flamenco. (saber)

5. Aquí no hay nadie que _____ muy bien. (cantar)

6. Necesitamos una persona que no _____ cobarde. (ser)

CHAPTER XIX

IMPERFECT SUBJUNCTIVE

The imperfect (past) subjunctive uses the root of the third person plural preterite (<u>hablaron</u>, <u>comieron</u>, <u>vivieron</u> but dropping the <u>ron</u>) as the basis for its formation. To this form are added the following endings.

<u>-ar</u> verbs		<u>-er</u> and <u>-ir</u> verbs	
ara	áramos	iera	iéramos
aras	arais	ieras	ierais
ara	aran	iera	ieran

<u>Hablar</u>	<u>Comer</u>	<u>Vivir</u>
hablara	comiera	viviera
hablaras	comieras	vivieras
hablara	comiera	viviera
habláramos	comiéramos	viviéramos
hablarais	comierais	vivierais
hablaran	comieran	vivieran

An alternate set of endings uses an <u>s</u> in place of the <u>r</u> in the above. These forms are used more often in writing than in speaking.

hablase	comiese	viviese
hablases	comieses	vivieses
hablase	comiese	viviese
hablásemos	comiésemos	viviésemos
hablaseis	comieseis	vivieseis
hablasen	comiesen	viviesen

Since the preterite on which it is based has a considerable number of common irregular verbs, the imperfect subjunctive will reflect all of these irregularities. Some examples are listed on the next page.

Infinitive	Preterite	Imperfect subjunctive
sentir	sintieron	sintiera
morir	murieron	muriera
pedir	pidieron	pidiera
andar	anduvieron	anduviera
estar	estuvieron	estuviera
tener	tuvieron	tuviera
poder	pudieron	pudiera
poner	pusieron	pusiera
saber	supieron	supiera
hacer	hicieron	hiciera
querer	quisieron	quisiera
venir	vinieron	viniera
decir	dijeron	dijera
traer	trajeron	trajera

USES OF IMPERFECT SUBJUNCTIVE

So far you have learned a number of basic uses of the subjunctive: after verbs or expressions of persuasion, doubt or uncertainty, emotion, certain impersonal expressions, and in adjective clauses which have a negative or indefinite antecedent. In all of these cases, the main verb of the sentence was in the present (or future) tense and, correspondingly, the subjunctive was also in the present tense. Whenever the primary verb or expression is in any form of the past tense, the imperfect subjunctive will be used. Note the following pairs of sentences.

Quiero que me ayudes.	I want you to help me.
Quería que me ayudaras.	I wanted you to help me.

Es lástima que estés enfermo.	It's a pity you're sick.
Era lástima que estuvieras enfermo.	It was a pity that you were sick.

Ex. 1. Give the imperfect subjunctive of the following verbs with the persons indicated.

1. comer   (tú)

2. salir   (él)

3. ser   (ellos)

4. estar   (yo)

5. decir   (tú)

6. poner   (Vd.)

7. levantarse   (ella)

8. traer   (yo)

9. escribir   (tú)

10. leer   (nosotros)

94

Ex. 2. Change the following sentences from the present to the past. Use the verb or expression in parentheses and change the underlined verb to the past.

1. Es dudoso que ellos lo tengan. (Era dudoso)

2. Quiero que me lo compres. (Quería)

3. Siento que estés enfermo. (Sentía)

4. No creo que venga. (No creía)

5. Dudo que te lo diga. (Dudaba)

6. Niego que mi hijo sea ladrón. (Negaba)

7. No hay nada que se pueda hacer. (No había)

8. No conozco a nadie que tenga un coche así. (No conocía)

9. Necesitamos un profesor que enseñe matemáticas. (Necesitábamos)

10. Es posible que él lo sepa. (Era posible)

Ex. 3. Translate the following sentences.

1. He preferred that we write with a pen.

2. They didn't know anyone who could repair the car.

3. He wanted us to go too.

4. It was important for them to be very quiet.

5. It was a pity that they came so late.

EXPRESSIONS OF TIME USING HACE

The verb hacer is commonly used to express duration of time into the present.

Hace cinco años que no llueve.	It hasn't rained for five years.
Hace tres días que estoy enfermo.	I've been ill for three days.

Note that the main verb in the above Spanish sentences is in the present, whereas English employs the present perfect tense. The relator word que is required when the phrase beginning with hace is placed at the beginning of the sentence, but it is eliminated when this phrase follows the verb.

No llueve hace cinco años.   Estoy enfermo hace tres días.

Ex. 4.   In the following sentences indicate the duration of time (in
          parentheses) that the action has been going on. Use the time
          construction with que, as in the model.

                    Example: a) Estoy en México. (un año)
                                b) Hace un año que estoy en México.

          1. Vive en Segovia. (un año)

          2. Es mecánico. (cinco años)

          3. Aprendo inglés. (tres años)

          4. Estoy en los EE.UU. (dos semanas)

          5. No me escribe mi padre. (un mes)

          6. Estamos casados. (diez años)

          7. Trabaja en el taller. (seis meses)

Ex. 5.   Rewrite the above sentences, expressing the same idea but
          eliminating the que.

          1.

          2.

          3.

          4.

          5.

          6.

          7.

     By using the preterite (or imperfect) of the main verb, the same
construction employing hace can be used to mean that the act took place at
the beginning of the point in time mentioned. This same idea is usually
expressed in English by the word ago.

          Hace un año (que) estuvo aquí.   He was here a year ago.
          Hace una semana que salieron de aquí.   They left here a week ago.

     Again, by placing the time phrase with hace at the end of the sentence,
the relator word que becomes unnecessary.

          Estuvo aquí hace un año.   Salieron de aquí hace una semana.

96

Ex. 6.   Indicate that the following actions occurred at the point in time
         specified in parentheses. Place the time expression with <u>hace</u>
         at the beginning of the sentence.

         1. Estuvo en Alemania.   (tres años)

         2. Vivió en Piquera.   (un año)

         3. Mi hija me escribió una carta.   (una semana)

         4. Se casaron.   (cinco días)

         5. Aprendieron a nadar.   (dos años)

         6. Estuvimos en Segovia.   (tres semanas)

Ex. 7.   Translate the following sentences. Place the time expression with
         <u>hace</u> at the end of the sentence.

         1. He has lived here for a year.

         2. He left here a year ago.

         3. She has worked in the bar for five years.

         4. They were married four years ago.

         5. I have been studying Spanish for two years.

CHAPTER XX

THE CONDITIONAL TENSE

The conditional tense is formed by adding the following endings to the entire infinitive.

ía	íamos
ías	íais
ía	ían

Hablar	Comer	Vivir
hablaría	comería	viviría
hablarías	comerías	vivirías
hablaría	comería	viviría
hablaríamos	comeríamos	viviríamos
hablaríais	comeríais	viviríais
hablarían	comerían	vivirían

The verbs which are irregular in the future are also irregular in the conditional. Note that these irregularities are usually a slight modification of the verb infinitive, but that the endings are all regular.

decir	diría	poner	pondría
hacer	haría	salir	saldría
querer	querría	tener	tendría
caber	cabría	valer	valdría
poder	podría	venir	vendría
saber	sabría		

Uses of the Conditional

The conditional has two basic uses in Spanish.

1) To indicate future time in the past.

   Dijo que llegaría por tren. He said that he would come by train.

2) To indicate a condition which would exist if it were not for some other fact (these sentences also employ the imperfect subjunctive in a way which will be discussed below).

<u>Yo iría también si tuviera dinero.</u>   I would go too if I had the money.

Ex. 1. Give the conditional of each of the verbs with the pronoun indicated.

1. tomar (yo)   6. decir (Vd.)

2. comer (nosotros)   7. poner (nosotros)

3. salir (tú)   8. ser (tú)

4. dar (él)   9. querer (Vds.)

5. hacer (ella)   10. tener (yo)

Ex. 2. Complete the following sentences by supplying the conditional form of the verb in parentheses.

1. Dijeron que _____ a tiempo. (venir)

2. Me escribieron que _____ a Madrid el mes pasado.
   (llegar)

3. Les llamé por teléfono que _____ la idea de buena gana. (aceptar)

4. Le informé que no _____ ir con él. (querer)

5. Le dije que _____ la reparación en el taller. (hacer)

6. Me comunicaron que no _____ aquí para la boda. (estar)

IMPERFECT SUBJUNCTIVE IN <u>SI</u> CLAUSES

In sentences describing a condition contrary to fact or hypothetical, the conditional is used in the main clause and the imperfect subjunctive in the dependent clause beginning with <u>si</u>.

<u>Yo iría si tuviera tiempo.</u>   I would go if I had time.
<u>Comeríamos en ese restaurante</u>   We would eat in that restaurant
<u>si estuviera abierto.</u>   if it were open.

The <u>si</u> clause may precede the main clause.

<u>Si tuviera tiempo, yo iría.</u>   If I had time, I would go.

Si estuviera abierto, comeríamos en ese restaurante.
If it were open, we would eat in that restaurant.

When no doubt is implied, or when the main verb is in the present or future, the indicative is used rather than the subjunctive.

Si estuvieron aquí, no me dijeron nada.
If they were here (granted they were), they didn't tell me anything.

Si hace buen tiempo mañana, saldremos al campo.
If the weather is good tomorrow, we'll go to the country.

Ex. 3. In the following sentences supply the imperfect subjunctive of the verb in parentheses.

1. Si ellos _____ más inteligentes, no harían eso. (ser)

2. Si el comisario _____ aquí, eso no pasaría. (estar)

3. Si tú _____ televisión, yo iría a tu casa esta noche.
(tener)

4. Me ayudarían mucho si _____ la verdad. (decir)

5. No tendría tantas oportunidades, si _____ en el pueblo. (vivir)

Ex. 4. Use the appropriate tense (subjunctive or indicative) of the verbs in parentheses to complete the following sentences.

1. No me lo diría si no _____ verdad. (ser)

2. Iré a Segovia mañana si _____ el dinero. (tener)

3. Si esos hombres todavía _____ en el hotel, yo lo sabría. (estar)

4. Hace mal tiempo. Yo no tengo la culpa si _____ mucho aquí. (llover)

5. Me sorprendería mucho si la señorita _____ algo que ver con este incidente. (tener)

6. Estoy a sus órdenes si Vd. _____ algo. (necesitar)

CHAPTER XXI

THE PASSIVE VOICE

Previously you have studied the use of the pronoun <u>se</u> to express a form of the passive in which the person or persons (agent) responsible for the act are not mentioned.

<u>Se vendió la casa</u>.	The house was sold.
<u>Se escribe la palabra así</u>.	The word is written thus.

There is also the true passive which must be used whenever the agent of the act is specified or even strongly implied. It is expressed by using a form of the verb <u>ser</u>, the past participle, and the preposition <u>por</u>. The participle must agree in number and gender with the subject.

<u>La casa fue vendida por el dueño.</u>
The house was sold by the owner.

<u>Las casas fueron vendidas por el dueño.</u>
The houses were sold by the owner.

<u>La palabra fue escrita por todos los estudiantes.</u>
The word was written by all the students.

Ex. 1. Change the following from the passive to the active voice, as in the model.

Example: a) La carta fue escrita por el maestro.
b) El maestro escribió la carta.

1. El coche fue reparado por el mecánico.

2. La radio fue escuchada por todos.

3. Los detalles fueron anunciados por la policía.

4. El secuestro fue realizado por el ayudante.

5. La habitación fue alquilada por el dueño.

6. La tortilla fue preparada por la madre.

Ex. 2.   Change the following from the active to the passive, as in the model.

> Example: a) Los clientes consumieron todo el marisco.
> b) Todo el marisco fue consumido por los clientes.

1. La policía encontró los dos coches robados.

2. Ramiro hizo las reparaciones.

3. El detective observó al ladrón.

4. El autor escribió sus memorias.

In contrast to the use of <u>ser</u> and the past participle to indicate the agent or persons responsible for an act, <u>estar</u> and the past participle are used to express the result of an action. <u>Estar</u> must not be used when the doer of the action is specified. The past participle must also agree with the subject. <u>De</u> is the most common preposition used with <u>estar</u>.

<u>Las montañas están cubiertas de nieve.</u>
The mountains are covered with snow.

<u>La comida está preparada.</u>
The meal is prepared.

<u>La casa está vendida.</u>
The house is sold.

THE SUBJUNCTIVE WITH ADVERBIAL CLAUSES

The following conjunctions often introduce adverbial clauses. Since they imply an unrealized or hypothetical quality, they require the use of the subjunctive, either present or past, depending on the meaning.

<u>antes (de) que</u>	before
<u>a menos que</u>	unless
<u>para que</u>	
<u>a fin de que</u>	in order that
<u>con tal que</u>	provided that
<u>en caso de que</u>	in case
<u>sin que</u>	without

<u>Llame Vd. a Pablo antes de que él salga.</u>
Call Paul before he leaves.

<u>Yo iré con tal que vayas tú también.</u>
I'll go provided that you go today.

<u>El año pasado compramos la casa para que los hijos tuvieran más espacio.</u>
Last year we bought the house so that the children would have more room.

102

Ex. 3. Complete the following with the appropriate form of the verb in parentheses.

1. Preparamos las maletas para que Vds. no _____ que esperar. (tener)

2. ¡Termina el postre antes de que _____ el camarero! (volver)

3. Iremos a Córdoba con tal que tú nos _____. (acompañar)

4. Los ladrones salieron antes de que _____ la policía. (venir)

5. Yo no podré hacer esto sin que tú me _____. (ayudar)

6. Empecé a gritar para que todos me _____. (escuchar)

7. No lo creía sin que ellos me lo _____. (decir)

Ex. 4. Write sentences using <u>estar</u> and the past participle to express in the present the result of the following actions, as in the model.

   Example: a) Alquilaron la casa.
             b) La casa está alquilada.

1. Escribió la novela.

2. Repararon el camión.

3. Perdieron el dinero.

4. Pintaron el coche de rojo.

5. Terminaron el trabajo.

6. Cerraron las puertas.

7. Sirvió la comida.

8. Lavaron las frutas.

CHAPTER XXII

SUBJUNCTIVE IN ADVERBIAL CLAUSES (cont'd)

The following conjunctions will require the subjunctive whenever the action is pending or in the future (even with reference to the past). However, if the action described is an accomplished fact, the indicative will be used.

cuando	when
tan pronto como	
en cuanto	as soon as
luego que	
después de que	after
hasta que	until
mientras que	while

Se lo diré cuando venga.	I'll tell him when he comes.
Se lo dije cuando vino.	I told him when he came.
Saldremos a comer tan pronto como llegue María.	We'll go out to eat as soon as Mary arrives.
Hasta que todos abandonen las armas, no habrá paz.	Until they all abandon their arms, there will be no peace.

Conjunctions Which May Take The Subjunctive

Several conjunctions will require the subjunctive if the action described is uncertain or hypothetical. Conversely, if the action or condition is an established fact, the indicative is used.

Aunque el puente esté en malas condiciones, Vd. puede pasar al otro lado.
Even though the bridge (may) be in bad condition, you can get to the other side.

Aunque el puente está en malas condiciones, Vd. podrá pasar al otro lado.
Even though the bridge is in bad condition, you will be able to go across. (no doubt that the bridge is in bad shape)

Ex. 1. Use the appropriate form of the verbs in parentheses to complete
the following sentences.

1. Se lo diré tan pronto como _____. (venir)

2. ¿Qué hará Vd. cuando esos hombres le _____? (ver)

3. Entraron con la cena después de que Dolores les _____
la puerta. (abrir)

4. No quiero que entren hasta que yo _____. (salir)

5. Nos pondremos en contacto después de que tú _____
a Londres. (volver)

6. Hablábamos de sus obras de arte cuando _____ dos
camareros. (entrar)

7. Llámame cuando tú _____. (terminar)

8. Te daré algo de comer cuando tú _____ mejor.
(sentirse)

Ex. 2. Insert the appropriate forms of the verb in parentheses, in
accordance with the information included after each sentence.

1. Quiero comprar la casa aunque _____ mucho. (costar)
(se sabe que el precio es muy alto)

2. Haré el viaje aunque la carretera _____ en malas
condiciones. (estar)
(no se sabe la condición de la carretera)

3. Iremos a la costa aunque tú no _____. (querer)
(se sabe que tú no tienes ganar de ir)

4. Iré en tren aunque _____ más cómodo en avión. (ser)
(no se sabe si el avión es más cómodo)

USE OF THE INFINITIVE

The infinitive is used as the 1) object of a preposition, and also as the
2) subject, or 3) object of a verb. (In 2, the use of the article is
optional.) English often uses a present participle, which is not permitted
in Spanish.

1)	después de salir	after leaving
	antes de comer	before eating
	sin decir nada	without saying anything
	al leerlo	upon reading it

2) (El) estudiar mucho es necesario.
   Studying a lot is necessary.

   Practicar un deporte tranquiliza los nervios.
   Taking part in a sport calms the nerves.

3) Prefieren bailar.   They prefer to dance.

Ex. 3.   Translate the following sentences or phrases into Spanish.

1. Working ten hours is too much.

2. He always preferred to sleep in the morning.

3. Talking so much tires me.

4. After writing the letter....

5. Without opening the book....

6. Before serving dinner....

USING THE INFINITIVE IN PLACE OF THE SUBJUNCTIVE

The following six verbs of command, which normally take the subjunctive, may also be used with the infinitive instead.

dejar	mandar
hacer	permitir
impedir	prohibir

Hicieron que yo lo escribiera en casa.	They made me write
Me hicieron escibirlo en casa.	it at home.
Mandé que terminara el trabajo.	I ordered him to finish
Le mandé terminar el trabajo.	the work.
Impidieron que yo lo hiciera.	They prevented me from
Me impidieron hacerlo.	doing it.

Note that when the infinitive is used, the indirect object pronoun is placed in front of the first verb to signal the subject of the infinitive. It should also be noticed that this is an unusual case, since the two verbs have different subjects, as distinct from the typical use of the infinitive as the object of another verb: yo prefería hacerlo (I preferred to do it). It is incorrect to use the infinitive as a substitute for the subjunctive with other verbs.

Ex. 4. Rewrite the following, substituting the infinitive for the clause containing the subjunctive, as in the model.

Example: a) Impedí que entraran los ladrones.
b) Les impedí entrar a los ladrones.

1. Hice que él arreglara mi bicicleta.

2. Prohibieron que yo fumara en la casa.

3. ¿Por qué mandaste que saliera del pueblo?

4. La policía no permitió que entrara nadie.

CHAPTER XXIII

INTERROGATIVE WORDS

The following are the most common interrogative words. They all bear a written accent when used to ask a question (1), even if the question is indirect (2).

¿Qué?	What?
¿Cuándo?	When?
¿Dónde?	Where?
¿Adónde?	To where?
¿Cuánto?	How much?
¿Quién? ¿Quiénes?	Who?
¿A quién? ¿A quiénes?	Whom?
¿Cómo?	How?

(1) ¿Qué quiere Vd.?   What do you want?

(2) No sé quién es.   I don't know who he is.

Cuál vs. Qué

Since both these words can be translated as "what," there may be confusion as to which to use. The following is a good guide.

¿Qué? is used when asking for a definition or identification.

¿Qué es esto?	What is that?
¿Qué es un teleférico?	What is a teleférico?
¿Qué significa esta palabra?	What does this word mean?

¿Cuál? has the meaning of the English "which one." It can be used as a pronoun (1) and also, more and more commonly, together with a noun as an adjective (2).

(1) ¿Cuál de los periódicos quiere Vd.?   Which of these newspapers do you want?

   ¿Cuáles son los extranjeros?   Which ones are foreigners?

(2) ¿Cuál libro quiere Vd.?   Which book do you want?

108

RELATIVE PRONOUNS

Que is the most common relative pronoun. Its function is to relate a noun in the main clause to a dependent clause. It can be used with persons or things. It is often omitted in English, especially in speech, but must always be included in Spanish. It may be used with a preposition such as a, de, con, or en when referring to things (not people). Quien or quienes must be used with prepositions when referring to people.

> La mujer que habla es mi esposa.
> The woman who is talking is my wife.

> La revista que lees es liberal.
> The magazine (that) you're reading is liberal.

> El libro en que estás escribiendo no es tuyo.
> The book in which you're writing isn't yours.

> Los problemas de que habla el presidente son difíciles de
>   resolver.
> The problems about which the president is speaking are
>   difficult to resolve.

> Las personas de quien hablas son mis parientes.
> The people about whom you're speaking are my relatives.

El Que, La Que, Los Que, Las Que

These pronouns may refer to persons or things. Since gender and number are specified, they are used when more exactness is required. They are also used for emphasis.

> El que está cantando es muy famoso.
> The one who is singing is very famous.

> Los que acaban de llegar son los oficiales.
> The ones who have just entered are the officers.

El Cual, La Cual, Los Cuales, Las Cuales

These pronouns are primarily for literary use. They function as substitutes for el que, etc.

Lo Que and Lo Cual

These are used to refer to concepts or previously mentioned ideas.

> Lo que haces es una tontería.
> What you're doing is foolishness.

> El ha abandonado su país, lo que (lo cual) no significa que nunca
>   volverá.
> He has left his country, which doesn't mean he'll never return.

Cuyo

As a relative adjective meaning "whose," it must agree in gender and number with the noun it modifies.

> La empresa cuyos empleados están de huelga....
> The firm whose employees are on strike....

Do not confuse cuyo with the interrogative "whose," which will be ¿de quién? or ¿de quiénes? .

> ¿De quién son estas maletas?   Whose suitcases are these?

Ex. 1.   Translate the following.

1. The woman who is writing....

2. What is life?

3. Which ones are your parents?

4. Whose car is that?

5. The man whose children are playing....

6. Which of the cars was stolen?

7. The book which you have....

8. Whom did you write to?   (Vd.)

9. For whom did he make that?

10. Those who live with violence....

CHAPTER XXIV

SUMMARY OF THE PERFECT TENSES

The auxiliary verb <u>haber</u> has the following forms.

Present	Past	Future	Conditional	Present Subj.	Past Subj.
he	había	habré	habría	haya	hubiera
has	habías	habrás	habría	hayas	hubieras
ha	había	habrá	habría	haya	hubiera
hemos	habíamos	habremos	habríamos	hayamos	hubiéramos
habéis	habíais	habréis	habríais	hayáis	hubierais
han	habían	habrán	habrían	hayan	hubieran

Any of the above verbs may be used with the past participle to form the corresponding perfect tense.

Present: <u>He cerrado la tienda</u>.
               I have closed the store.

Past: <u>Lo habíamos dicho varias veces</u>.
               We had said it several times.

Future: <u>Lo habremos hecho esto mañana</u>.
               We shall have done this tomorrow.

Conditional: <u>Habría dicho lo mismo</u>.
               He would have said the same thing.

Present Subj: <u>Me alegro que hayas venido</u>.
               I'm glad that you have come.

Imperfect Subj: <u>Sentía mucho que todavía no lo hubieras hecho</u>.
               I was very sorry that you hadn't done it yet.

Note: <u>hay</u> has the following forms in other tenses (as with <u>hay</u>, these forms do not change for singular or plural).

<u>había</u>	there was, were	<u>habrá</u>	there will be
<u>hubo</u>	usually means "there occurred"	<u>habría</u>	there would be

Ex. 1. Give the perfect tense which corresponds to the simple tenses of
the following verbs, as in the models.

      Example: él vive   el ha vivido

                     ella verá   ella habrá visto

1. estudiaremos

2. comíamos

3. volvería

4. lo rompen

5. Pablo comprará

6. Vd. lo escribiría

7. que traigan

8. que dijeran

9. ponen

10. irían

Ex. 2. Complete the following with the future perfect of the verbs in
parentheses.

1. Ellos ya _____ antes del carnaval. (venir)

2. Cuando Vd. llegue, él ya lo _____. (terminar)

3. Ya lo _____ para mañana. (leer)

4. Sus amigos ya _____ del viaje. (volver)

5. Antes de salir, el muchacho _____ el desayuno. (comer)

6. Creo que el gobierno _____ sus planes para el año
nuevo. (cambiar)

Ex. 3. Complete the following with the conditional perfect of the verbs
in parentheses.

1. Si Vd. lo hubiera empezado antes, ya lo _____.
                                                   (terminar)

2. Ellos se _____ ricos, si no hubiera sido por la
policía. (hacerse)

3. Si no por el viento, _____ antes.
   (llegar)

4. Si hubiéramos tenido más apetito, lo _____ todo.
   (comer)

5. Si no por falta de dinero, yo _____ por todo el mundo.
   (viajar)

CHAPTER XXV

SUMMARY OF THE USES OF THE SUBJUNCTIVE

With Words or Expressions in the Main Clause

Although the subjunctive is normally a secondary verb contained in a dependent clause, in a few cases a word or expression will cause the subjunctive to be used as the main verb (either present or past).

quizá(s) tal vez acaso	perhaps
ojalá	would (I wish) that

Tal vez vengan por avión.	Perhaps they're coming by plane.
(Tal vez vienen por avión.)	(same translation, but more definite)
Ojalá llueva un poco más.	I wish it would rain a little more.

With Indefinite Expressions

The following expressions with quiera all reflect a vagueness or uncertainty and will therefore use the subjunctive.

quienquiera	whoever
cuandoquiera	whenever
dondequiera	wherever
comoquiera	however
cualquiera	whatever

Quienquiera que venga, no le abra la puerta.
Whoever comes, don't open the door.

Expressions formed by por plus an adjective or adverb will normally use the subjunctive.

Por inteligente que sea, Vd. no puede contestar esa pregunta.
No matter how intelligent you may be, you will be unable to
    answer that question.

114

Por rápido que corras, no le alcanzarás.
No matter how fast you run, you will not catch up with him.

Commands: Direct and Indirect

All formal commands (Vd. and Vds.)[1] as well as negative familiar commands (tú and vosotros)[2] use the subjunctive verb forms. The Spanish equivalent of "let's" also uses the first person plural subjunctive, both affirmative and negative.[3] Finally, all of the indirect command forms are derived from the subjunctive.[4]

1) ¡Siga Vd. derecho hasta llegar a la Plaza Mayor!
   Keep straight until you get to the Main Square!

   ¡No vaya Vd. al centro hoy!
   Don't go downtown today!

2) ¡No te pongas tan triste!
   Don't get so sad!

3) ¡Hablemos de ese asunto!
   Let's talk about that matter!

   ¡No nos levantemos tan temprano!
   Let's not get up so early!

4) ¡Que se levanten ahora mismo!
   Have them get up right now!

With Verbs of Persuasion

All verbs which imply any degree of command, persuasion, preference or wish will require the subjunctive.[1] If a verb merely reports an event rather than reflecting an attempt to influence or cause it, it will be used with the indicative.[2]

1) Me dijo que lo hiciera en su taller.
   He told me to do it in his garage.

2) Me dijo que lo hacía en su taller.
   He told me that he was doing it in his garage.

With Verbs of Emotion

Verbs which express an emotional reaction to an event or condition will cause the latter to be expressed in the subjunctive. Typical verbs of this kind are those which express approval (me gusta que), disapproval (no me gusta que), joy (me alegro que), regret (siento que), and surprise (me sorprende que).

   Siento que no vayas con nosotros.
   I'm sorry that you're not going with us.

> No me gusta que digas eso.
> I don't like your saying that.

With Verbs of Doubt

Any verb which reflects a doubtful or negative view of an act or condition will cause the latter to be stated in the subjunctive.

> Dudo que puedas correr tan rápido.
> I doubt that you can run so fast.

> Niego que mi hijo sea un ladrón.
> I deny that my son is a thief.

> No creo que él lo haya hecho.
> I doubt that he has done it.

Whenever verbs of doubt are negated, they become affirmative statements and will use the indicative.

> No dudo que tú puedes correr tan rápido.
> I don't doubt that you can run so fast.

> No niego que él lo ha hecho.
> I think that he has done it.

With Impersonal Expressions

Impersonal expressions will require the subjunctive. These often overlap with preceding categories, since they generally involve statements of persuasion, emotion, disbelief, or uncertainty.

> Es necesario que lo compres hoy.
> It is necessary that you buy it today.

> Era lástima que no la vieras con nosotros.
> It was a pity that you didn't see it with us.

> Es posible que ya hayan salido de vacaciones.
> It's possible that they have already left on vacation.

> Era dudoso que hubieran llegado a tiempo.
> It was doubtful that they had arrived on time.

With Adjective Clauses

Whenever an adjective clause refers to a doubtful, hypothetical or negative antecedent, it will employ the subjunctive.

> No hay mecánico que pueda arreglar este coche.
> There is no mechanic who can fix this car.

116

Busco alguien que pueda enseñarme a esquiar.
I'm looking for someone who can teach me to ski.

El quería una persona que le sirviera de guía.
He was looking for someone who could serve him as a guide.

With Adverbial Clauses

Whenever an adverbial clause describes an act or condition yet to be realized, hypothetical or in the future, it will use the subjunctive. The following conjunctions will always require the subjunctive, since they introduce clauses of this kind.

antes (de) que	before
a menos que	unless
para que a fin de que	in order that
con tal que	provided that
en caso de que	in case
sin que	without

Te lo daré cuando vuelvas.   I'll give it to you when you return.
Voy a jugar al tenis aunque llueva. I'm going to play tennis even though
                                     it may rain.

With Si Clauses in the Past

A clause beginning with si which describes an act or condition contrary to fact or hypothetical will use the subjunctive. The main verb will normally be in the conditional.[1] If the si clause is in the present, the indicative is used, never the subjunctive.[2]

1) Si tuviéramos más tiempo, podríamos ir al museo.
   If we had more time, we could go to the museum.

2) Si tenemos tiempo, iremos al museo.
   If we have time, we will go to the museum.

Exercise on Subjunctive. Translate the following sentences.

1. Perhaps it will snow. (considerable uncertainty)

2. No matter how much I work, I never have enough money.

3. The Police Chief wanted him to return to his village.

4. It's important that you drive carefully.

5. It will already be Spring when the birds return.

6. I will not order the meal unless you choose the wine.

7. Even though he may be a thief, it's fun to be with him.

8. Wherever you go in Europe, there are many tourists.

9. If you (tú) hadn't spent so much on drinks, we would have enough for dinner.

10. He didn't like our going to the movies together.

TAPE MANUAL

The Tape Program for Zarabanda consists of 8 audio cassettes that contain the exercises corresponding to the 25 film episodes. Except for those intended for review, each tape has two kinds of exercises: a consolidation exercise, loosely based on the film episode, and two listening comprehension exercises. Note that the latter are not based on the consolidation exercises but refer, instead, to the film episodes. The first sentences of these comprehension exercises are included in order to assist the student in finding the correct place on the tape with a minimum of time loss. Since these exercises are normally class assignments intended to provide listening training for the student, they are not given in their entirety in this manual. The consolidation exercises are included to give the student an opportunity for checking his/her own listening accuracy.

EPISODE 1

Consolidation Exercise

No new vocabulary is used. The student is simply asked to understand what is said.

Diálogo en un bar - Escuchen:

Rafael: ¡Hola Carmen!
Carmen: ¡Buenas tardes, don Rafael!
Rafael: ¿Quiere usted un martini?
Carmen: ¿Un martini? No, no gracias, prefiero un whisky.
Rafael: Ah, muy bien. Un whisky para la señorita, por favor.
Waiter: Un whisky. ¿Grande?
Carmen: Bueno, pero no muy grande.
Waiter: Un whisky grande. ¿Algo más?
Rafael: No, ahora no, gracias.
Carmen: ¡Ah, Luisa! Buenas tardes.
Luisa: ¡Hola Carmen! buenas tardes, don Rafael.
Rafael: ¡Hola! ¿Quiere usted un whisky, igual que Carmen?
Luisa: No, no gracias, whisky no.
Rafael: Bueno, ¿qué prefiere?
Luisa: Un café, por favor.
Carmen: Y usted, ¿no quiere algo ahora?
Rafael: Bueno, sí. Sólo un té.
Waiter: Don Rafael, una llamada telefónica para usted.
Rafael: Ah, muy bien. Un momento, señoritas.
Luisa: Don Rafael es muy rico, ¿no?
Carmen: Sí, pero es viejo y muy egoísta.
Luisa: ¿Egoísta?
Carmen: Sí, sólo quiere dinero. Ah, don Rafael, ¡qué bien...!

Listening Comprehension Check-up

Scene A

1. La escena se realiza en la casa de la señora Piquera.   F
2.
3.
4.
5.
6.
7.
8.
9.
10.

Scene B

1. El sacerdote camina hacia la iglesia.   F
2.
3.
4.
5.
6.
7.
8.

EPISODE 2

Listening Comprehension Check-up

1. Ramiro habla con el conductor del camión.   T
2.
3.
4.

5.
6.
7.

8.
9.
10.
11.
12.

EPISODE 3

Consolidation Exercise

This is a simple exercise in comprehension. Important new words
are ciudad, centro, castillo, mercado. There are also some cognates
(e.g. familia, acueducto) and two proper nouns (Alcázar and San
Agustín).

Monólogo -   Escuchen:

Luisa es profesora en Madrid, pero la familia de Luisa es de Segovia,
ciudad que está en el centro de España, cerca de Madrid. Es una
ciudad vieja y grande. En Segovia hay muchos monumentos interesantes.
Hay un acueducto romano, una catedral y un castillo: el Alcázar. Hay
muchos turistas que van a Segovia y naturalmente también hay muchos
hoteles y restaurantes. Tres o cuatro de los restaurantes están en la

Plaza Mayor.   La Oficina de Turismo está cerca de la catedral.   La
madre de Luisa es secretaria en una de las oficinas del centro, y el
padre es empleado de Correos.   La Oficina de Correos está cerca del
mercado, al final de la calle de San Agustín.   Segovia es una ciudad
muy interesante, pero Luisa es joven y prefiere Madrid.

Listening Comprehension Check-up

Scene A

1.   Ramiro trabaja en una estación de gasolina.   F
2.
3.
4.
5.
6.
7.
8.

Scene B

1.   Maribel camina por el centro de la ciudad.   T
2.
3.
4.
5.
6.
7.
8.
9.
10.

EPISODE 4

Consolidation Exercise

The student is asked first to listen to a short dialogue, then to answer
questions about it.   New vocabulary: con baño, con ducha, libre,
tranquilo.

Comprensión - Escuchen:
En la recepción de un hotel de Madrid.

Juan: Buenos días. ¿Está el encargado?
Mujer: Sí, ¿quiere usted esperar un momento?
Juan: Sí, muy bien.
Mujer: ¡Señor López!
López: Buenos días, señor.

Juan: Buenos días. Tengo que estar en Madrid tres días. Quiero
        una habitacíon.
López: Ah, sí. Vamos a ver... ¿Quiere una habitación con baño o
        con ducha?
Juan: Prefiero con ducha.
López: La habitación número dos está libre.
Juan: ¿Es grande?
López: Sí, es una habitación grande, muy tranquila y con ducha.
Juan: ¿Cuánto es?
López: Trescientas pesetas. ¿Quiere comer en el hotel?
Juan: No, prefiero comer en restaurantes. Tengo que ir a muchos
        sitios.
López: Muy bien. Aquí está la llave.

Listening Comprehension Check-up

Scene A

1.   La propietaria del bar se llama Encarna.   T
2.
3.
4.
5.
6.
7.
8.
9.
10.
11.

12.

Scene B

1. La habitación es pequeña y cómoda.   T
2.

3.
4.
5.

6.
7.
8.
9.
10.

EPISODE 5: REVIEW

Listening Comprehension Check-up

Scene A

1. Javier tiene un coche bonito.   T
2.
3.

4.
5.
6.
7.

8.
9.

10.

Scene B

1. Carlos está en la casa de Maribel.   T
2.
3.
4.

5.
*6.
7.
8.
9.
10.
11.
12.

*In this sentence the word "prejuiciosos" appears. More common
for this meaning (prejudiced) is: con prejuicio or parciales. (Ed.)

EPISODE 6

Consolidation Exercise

This is a dialogue in a train intended simply to develop the student's comprehension of spoken Spanish. The new vocabulary is: fumar, fuego, coche-restaurante.

Conversación en el tren - Escuchen:

Hombre: ¿Fuma usted?
Mujer: Sí, muchas gracias.
Hombre: ¿Tiene usted fuego?
Mujer: Sí, aquí tiene.
Hombre: ¿A qué hora llegamos a Madrid?
Mujer: A las ocho y media.
Hombre: ¿En punto?
Mujer: Espero que sí.
Hombre: ¿Y qué hora es ya?
Mujer: Las tres y cuarto. Todavía tenemos cinco horas de viaje.
          ¿Trabaja usted en Madrid?
Hombre: No, trabajo en Barcelona. Pero tengo que viajar mucho
          con mi trabajo.
Mujer: ¡Qué interesante! ¿En qué trabaja?
Hombre: Soy ingeniero. Y usted, ¿en qué trabaja?
Mujer: Todavía no trabajo. Soy estudiante. Estudio en Madrid.
Hombre: Ah, ¿sí? ¿Y qué estudia usted?
Mujer: Matemáticas. Quiero ser profesora.
Hombre: Entonces tiene que estudiar mucho, ¿no?
Mujer: ¡Uy! sí, muchísimo.
Hombre: ¿Quiere usted tomar café? El tren lleva coche-restaurante.
Mujer: Bueno, sí, con mucho gusto. Vamos.

Listening Comprehension Check-up

Scene A

1. Ramiro tiene que llevar el coche al "Garaje
   Americano".   T
2.
3.
4.
5.
6.

7.

8.
9.
10.

Scene B

1. La mamá de Ramiro lo llama por teléfono.   F
2.
3.
4.
5.
* 6.

7.
8.
* 9.

10.
11.
12.
13.
14.
15.

   * The word "por," included on the tape after "espera," should be
     omitted.

EPISODE 7

Consolidation Exercise

The student is asked to listen to a short statement, then to answer
questions about it. Estar cansado is new vocabulary.

Comprensión - Escuchen:

Tengo que salir esta tarde después de comer. Voy a ir a la oficina de turismo porque quiero ver las horas de los trenes que van a Benidorm. Estoy cansado porque tengo mucho trabajo en la oficina. Quiero pasar unos días en la playa con mi familia. También vamos a ir de excursión a otras ciudades. Tenemos que volver antes del día diez.

Listening Comprehension Check-up

1.   Dolores pregunta a Ramiro si tiene tiempo.   T
2.
3.
4.
5.
6.
7.
8.
9.

10.
11.
12.

13.

14.
15.

EPISODE 8

Listening Comprehension Check-up

1.   Ramiro trabaja ahora en el taller Castilla.
2.

3.
4.
5.

6.
7.
8.
9.
10.
11.
12.
13.

14.
15.
16.
17.
18.
19.
20.

EPISODE 9

Consolidation Exercise

The student is simply asked to listen to, and understand, a dialogue in a shop. New vocabulary: muñeca, abanico, mantilla, cartel.

Conversación en una tienda - Escuchen:

Dependiente:
Cliente:

Dependiente:
Cliente:
Dependiente:

Cliente:
Dependiente:
Cliente:
Dependiente:
Cliente:
Dependiente:
Cliente:
Dependiente:
Cliente:
Dependiente:
Cliente:

Dependiente:
Cliente:
Dependiente:
Cliente:
Dependiente:
Cliente:
Dependiente:

Listening Comprehension Check-up

1. Maribel quisiera una pluma estilográfica.   T
2.
3.
4.
5.

6.

7.
8.
9.
10.
11.
12.
13.
14.

15.
16.
17.
18.
19.
20.

EPISODE 10: REVIEW

EPISODE 11

Consolidation Exercise

The student is asked to listen to a dialogue related to arrival at a
hotel. He is then asked to confirm or deny statements about what
he has heard.

Comprensión

El señor García llega en su coche al Hotel Regina. Quiere
    tomar una habitación, pero antes tiene que aparcar el
    coche. Escuchen:

García:
Mujer:
García:

Mujer:
García:

Encargado:
García:

Encargado:

García:

EPISODE 12

Consolidation Exercise

This is a dialogue on the beach and the student is simply asked to
listen and try to understand.

En la playa

Manolo trabaja de camarero en el Restaurante Buendía. Ahora está
libre y está descansando en la playa. Su amigo Pepe sale del agua
y habla con Manolo. Escuchen:

Pepe: Manolo, ¿me hace el favor de darme la toalla?
Manolo: Sí, aquí tiene. ¿Cómo está el agua, Pepe?
Pepe: Un poco fría, pero muy agradable. ¿Qué está haciendo
                usted?
Manolo: Estoy tomando el sol.
Pepe: ¿No quiere nadar?
Manolo: No, ahora no. No me gusta mucho el agua fría. ¿Quiere
                darme un cigarrillo?
Pepe: Sí, con mucho gusto. Pero no tengo fuego.
Manolo: Yo tampoco. Pero esa señora está fumando. Perdone,
                ¿me hace el favor de darme fuego?
Mujer: Espere un momento. Aquí tiene.
Manolo: Muchas gracias.
Pepe: Manolo, ¿por qué no viene usted a tomar un refresco?

130

Manolo: Sí, muy bien, pero no deje usted aquí la toalla y las gafas de sol.

Pepe: De acuerdo. Vamos.

Listening Comprehension Check-up

*1. La modista está esperando por Maribel.   T

2.
3.
4.

5.
6.
7.
8.
9.
10.
11.
12.

*The preposition "por" should be replaced with the personal "a."

EPISODE 13

Listening Comprehension Check-up

Scene A

1. Son más o menos las doce del día.   T
2.
3.
4.
5.
6.

7.
8.
9.
10.

Scene B

1. Una señora lo saluda a Vicente.
2.
3.

4.
5.

6.
7.
8.
9.

10.
11.
12.

EPISODE 14

Consolidation Exercise

The student is asked to listen to a short passage, then to answer questions on it. It will probably be necessary to hear the passage more than once before tackling the questions.

Comprensión - Escuchen:

Estoy pasando quince días de vacaciones en la Costa Brava y pasado mañana vuelvo a Inglaterra. Creo que es interesante visitar Barcelona; pero no tengo mucho tiempo. Me parece mejor ir en tren, porque el viaje en coche es más lento. Quiero ver las Ramblas y la iglesia de la Sagrada Familia.

Hay muchas tiendas y almacenes, donde se pueden comprar regalos para la familia. Naturalmente, no puedo verlo todo. Me parece buena idea volver el año que viene y pasar una semana entera en Barcelona.

1. En un café Ramiro y Vicente están jugando al dominó.   T
2.
3.
4.
5.
6.
7.
8.
9.
10.
11.
12.

EPISODE 15

Consolidation Exercise

The student is asked to imagine himself arriving at a restaurant and answering the waiter's questions.   The questions are recorded with pauses for student response.

En un restaurante - Tomen parte activa en esta conversación:

Buenas tardes, señores.   Una mesa, ¿para cuántos?
Muy bien.   Vengan por aquí, por favor.   Aquí tiene la carta.
¿Desean tomar un aperitivo?   ¿Un vermut?   ¿Una copita de jerez?
Está bien.   ¿Qué quieren tomar de primer plato?
Y después, ¿algo de carne o pescado?
Y de beber, ¿qué desean beber?   ¿Vino de la casa, o una botella de
    marca?
¿Blanco, tinto o clarete?
¿Quieren pedir ahora el postre?
¿Desean tomar café o licores?
¿Cómo quieren la cuenta, todo junto o por separado?
Muchas gracias, señores.   Hasta la próxima vez.

Listening Comprehension Check-up

1. Gálvez y Dolores están en el comedor de un gran
        hotel.   T

2.
3.
4.
5.
6.
7.
8.
9.
10.
11.
12.
13.
14.
15.
16.
17.
18.
19.
20.
21.
22.
23.
24.

25.

EPISODE 16

Consolidation Exercise

The student is asked to listen to and understand a passage describing
vacation plans which uses the future tense frequently.

Nuestros planes de vacaciones - Escuchen:

Mi mujer y yo vamos a ir de vacaciones a España el mes que viene.
También vendrá con nosotros la hermana de mi mujer. Haremos el
viaje en avión. Saldremos del aeropuerto de Londres por la mañana,
y unas tres horas después llegaremos a Málaga. Cogeremos un auto-
car que nos llevará al hotel, que está en Marbella. Tenemos

reservadas dos habitaciones con baño. Vamos a pasar allí dos semanas.
Durante este tiempo veremos también otros sitios interesantes cerca
de la Costa del Sol, como por ejemplo Granada y Ronda. Pero lo
más importante es que iremos con frecuencia a la playa. No tomaremos
las comidas en el hotel, porque queremos estar libres. Tendremos que
volver a Inglaterra en un vuelo nocturno, porque hay muchos turistas
que viajan en esta época.

Listening Comprehension Check-up

Scene A   Answer Key

1. Va a ser un trabajo difícil capturar al hombre.   T
2.
3.

4.
5.
6.
7.
8.

9.
10.

Scene B

1. Rodrigo Alva es un político que habla en la televisión. T
2.
3.
4.
5.
6.

7.
8.
9.

10.

EPISODE 17

Consolidation Exercise

The student is asked to answer three sets of questions about what s/he has done today. Notice that the first question involves a reflexive verb, which may be difficult for some students. These questions are not recorded.

1. ¿A qué hora se ha levantado usted hoy?
2. ¿A qué hora ha tomado el desayuno?

3. ¿A qué hora ha salido de casa?
4. ¿A qué hora ha llegado a la oficina?
5. ¿A qué hora ha empezado a trabajar?
6. ¿A qué hora ha terminado el trabajo?
7. ¿Dónde ha cogido hoy el autobús?
8. ¿Dónde ha comprado usted el periódico?
9. ¿Dónde ha estado esta mañana?
10. ¿Dónde ha aparcado el coche?
11. ¿Dónde ha tomado la comida?
12. ¿Dónde ha trabajado por la tarde?
13. ¿Cómo ha ido a la oficina?
14. ¿Cómo ha llegado a su casa?
15. ¿Cómo ha venido hasta aquí?
16. ¿Cómo ha ido a la estación?
17. ¿Cómo ha llegado al centro?
18. ¿Cómo ha venido a la clase?

Listening Comprehension Check-up

Answer Key

1. Dolores está segura que alguien la ha seguido.   F
2.
3.
4.
5.
6.
7.
8.
9.
10.

EPISODE 18

Consolidation Exercise

The student is asked to answer a series of questions in the perfect
tense about what he's done today or in the recent past. These
questions are not recorded.

1. ¿Ha trabajado usted hoy?
2. ¿Ha ido usted esta mañana a la oficina?

3. ¿A qué hora ha tomado usted el almuerzo?
4. ¿Qué ha hecho usted por la tarde?
5. ¿Ha escrito usted cartas hoy?
6. ¿Qué ha visto usted en la televisión?
7. ¿Ha vuelto usted por la tarde a su casa?
8. ¿Ha visitado algún país extranjero?
9. ¿Ha estado usted en España?
10. ¿Ha hecho buen tiempo hoy?
11. ¿Ha llovido mucho estos útlimos días?
12. ¿A qué hora ha llegado usted a esta clase?
13. ¿Ha comprado usted alguna cosa hoy?
14. ¿Ha dormido usted bien?
15. ¿Ha aprendido usted mucho español hoy?

Listening Comprehension Check-up

Answer Key

1. La visita va a empezar.   F
2.
3.
4.
5.
6.
7.
8.
9.

10.
11.
12.

EPISODE 19

Consolidation Exercise

The student is asked to listen to and understand a dialogue about recent vacations which employs the perfect tense and hace

Conversación en la calle - Escuchen:

Don José: Hola, don Miguel, ¿qué hay?
Don Miguel: ¿Qué tal, don José? ¿Ya ha terminado usted sus
             vacaciones?

Don José:	Sí, hace una semana que estamos de vuelta.
Don Miguel:	¿Adónde han ido ustedes este año?
Don José:	A Inglaterra. Usted también ha visitado Inglaterra, ¿verdad?
Don Miguel:	Sí, pero no este verano. Hace dos años que no voy por allí. Esta vez he ido a Mallorca.
Don José:	¿A Mallorca? ¿Y ha hecho buen tiempo?
Don Miguel:	¡No, qué va! Ha hecho un tiempo muy malo. Ha llovido varias veces, y ha hecho mucho viento. Por lo visto hace mucho tiempo que no llueve tanto. Y lo peor es que también ha hecho mucho calor. Y, ¿cómo lo ha pasado usted en Inglaterra?
Don José:	Pues esto le sorprenderá a usted, pero hemos tenido un tiempo espléndido. Ha hecho sol casi todos los días, y la temperatura ha sido muy agradable.
Don Miguel:	Bueno, tengo que marcharme. Otro día continuaremos. Adiós, don José.
Don José:	Hasta la vista, don Miguel.

Listening Comprehension Check-up

1. Hace cuatro meses que trabajan juntos Antonio y
    Ramiro.   T
2.

3.
4.
5.
6.
7.
8.
9.

10.
11.

12.

EPISODE 20:   REVIEW

EPISODE 21

Consolidation Exercise

The student is asked to listen to a short narrative and then to respond
Sí, es verdad or No, no es verdad to statements made about it. New
vocabulary: la reunión, tener ganas de....

Una página de un diario - Escuchen:

Todavía no he podido preparar nada para la reunión. Ayer era
sábado y las tiendas estaban abiertas sólo por la mañana; y además,
probablemente había mucho tráfico en el centro a causa de la pro-
cesión de San Juan. Por otra parte, hacía tanto calor que yo no
tenía ganas de salir de casa. Hoy en cambio ha hecho menos calor;
pero es domingo y no se puede comprar nada. Así es que tendré
que esperar hasta mañana lunes.

1.

2.
3.
4.
5.
6.

Listening Comprehension Check-up

Answer Key

1. Gómez desde un teléfono público habla con Daniel.   T
2.
3.
4.
5.
6.

7.

8.
9.
10.

EPISODE 22

Consolidation Exercise

The student is asked to listen to a letter being read and to hear it again, until he understands it. The three past tenses taught are all used.

Una carta - Escuchen:

Mi querida Isabel:

Hace mucho tiempo que quiero escribirte, pero no lo he hecho hasta ahora porque hemos estado en España. Hemos vuelto hace dos días. Hemos pasado unas vacaciones estupendas. Antes de marcharnos recibí tu tarjeta escrita desde Italia. ¿Qué tal lo has pasado?

Nosotros lo hemos pasado muy bien. Al principio teníamos intención de estar las tres semanas en un hotel de la costa, pero pronto cambiamos de opinión, porque el hotel no era muy bueno: estaba completamente lleno de turistas, y en las habitaciones hacía un calor espantoso; además, la comida era muy mala. Yo no sabía qué hacer pero mi marido decidió que lo major era dejar el hotel y hacer un viaje por España en el coche. Así es que pronto salimos hacia el norte y dos días después llegamos a Santander, que es una ciudad muy bonita. Allí pasamos el resto de las vacaciones, pues hacía una temperatura muy agradable, ni calor ni frío. Como ves, al final todo salió bien.

No puedo escribir más, porque acaba de volver mi marido. Espero volver a tener pronto noticias tuyas. Recibe un saludo muy cordial de tu amiga,

Irene.

Listening Comprehension Check-up

1. La señorita Fuentes puede reconocer a los agresores.   T
2.

3.
4.
5.

6.

7.

8.

9.

10.

11.

12.

13.

14.

15.

EPISODE 23

Consolidation Exercise

The student is asked to listen to a short narrative, then to answer questions about it.

Comprensión - Escuchen:

Hoy ha sido un día terrible. Primero, llegué tarde a la oficina porque había una huelga en el metro y tuve que ir en autobús. Luego, el jefe me dijo que tenía que terminar hoy el informe sobre mi visita a Inglaterra. Y cuando estaba más ocupado vino el idiota de Pérez a hacerme perder tiempo. Cuando por fin se fue, era ya la hora de comer. Comí en el restaurante de siempre, pero la sopa estaba fría y la carne muy dura. Por la tarde tuve ciertas dificultades en concentrarme, así es que no hice casi nada de trabajo: ni terminé de escribir el informe, ni contesté ninguna carta. Como digo, ha sido un día muy malo.

Listening Comprehension Check-up

1. Antonio Habla con Dolores.   F

2.

3.

4.

5.
6.
7.
8.
9.
10.

11.
12.
13.
14.
15.

EPISODE 24: REVIEW

Consolidation Exercise

These questions are not recorded.

1. ¿Tiene usted algo que declarar?
2. ¿Tiene usted la tarjeta blanca?
3. ¿Tiene usted la dirección del hotel?
4. ¿Tiene usted el pasaporte?
5. ¿Tiene usted cambio?
6. ¿Tiene usted más equipaje?
7. ¿Tiene usted aparcado el coche?
8. ¿Tiene usted cheques de viaje?
9. ¿Tiene usted dinero español?
10. ¿Cuánto tiempo va a estar en España?
11. ¿Cuánto tiempo estará en el hotel?
12. ¿Cuánto tiempo quiere quedarse?
13. ¿Quiere usted abrir las maletas?
14. ¿Quiere usted un mozo?
15. ¿Quiere usted un taxi?
16. ¿Quiere usted comer en el hotel?
17. ¿Quiere usted una habitación con baño?
18. ¿Quiere usted desayunar en su cuarto?

19. ¿Quiere usted hacer una excursión a Toledo?
20. ¿Qué piensa hacer esta tarde?
21. ¿Qué piensa visitar en la ciudad?
22. ¿Qué piensa comprar para su familia?

EPISODE 25: REVIEW

Consolidation Exercise

The student is asked to answer a series of questions about his
vacation plans for this year, about his vacation last year, and about
his reactions to various lands and languages. These questions are
not recorded.

1. ¿Cuánto tiempo hace que no tiene vacaciones?
2. ¿Adónde piensa ir este año?
3. ¿Ha visitado ese sitio antes?
4. ¿En qué mes quiere tomarse las vacaciones?
5. ¿Cuánto tiempo libre tendrá usted?
6. ¿Cómo hará el viaje?
7. ¿Por qué?
8. ¿Dónde estuvo el año pasado?
9. ¿Hizo buen tiempo?
10. ¿Pasó algo interesante?
11. ¿Por qué no fue usted a las Bahamas?
12. ¿Ha hecho usted alguna vez un viaje en barco?
13. ¿Ha estado usted alguna vez en España?
14. ¿Qué otros países conoce usted?
15. ¿Qué país le gusta más para las vacaciones?
16. ¿Y qué país prefiere para vivir?
17. ¿Por qué?
18. ¿Cuántos idiomas habla usted?
19. ¿Va a continuar estudiando el español?
20. ¿Vamos a tomar unas copas?

ANSWER KEY TO EXERCISES

CHAPTER I

Ex. 1

1. S<u>a</u>ra

2. p<u>a</u>rallel

3. f<u>e</u>d<u>e</u>r<u>a</u>l

4. p<u>a</u>rade

Ex. 2

1. el mundo	6. el trabajo
2. la casa	7. la camisa
3. el señor	8. el dinero
4. la serie	9. la madre
5. la señorita	10. el padre

Ex. 3

1. la oportunidad
2. la lección
3. la conjugación
4. la serie
5. la nación (nation)

Ex. 4

1. las sonrisas	6. las horas
2. los hijos	7. los padres
3. las toallas	8. los viajes
4. las madres	9. los mundos
5. los coches	10. las camisas

Ex. 5

1. del   6. al
2. la   7. la
3. la   8. los
4. del   9. la
5. del   10. del

Ex. 6

1. la camisa del hombre   6. el trabajo del pueblo
2. los coches de los señores   7. la suerte de Ramiro
3. la lección del libro   8. las costumbres de la ciudad
4. el agua de la casa   9. el vino de la casa
5. los hijos del padre   10. el dinero de los padres

Ex. 7

1. la hija del padre   6. el pijama de Ramiro
2. el dinero del hijo   7. la sonrisa de la madre
3. la madre de los hijos   8. el doctor del pueblo
4. el agua del pueblo   9. el vino del restaurante
5. las páginas del libro   10. la camisa de Ramiro

Ex. 8

1. un   6. un
2. una   7. un
3. Un   8. una
4. un   9. unas
5. unos   10. un

CHAPTER II

Ex. 1

1. stone	6. tell
2. tone	7. stop
3. team	8. taco
4. steam	9. stucco
5. still	10. tall

Ex. 2

1. los hoteles modernos	6. los hombres viejos
2. los hoteles pobres	7. las señoras simpáticas
3. las casas nuevas	8. los libros azules
4. los coches grandes	9. los curas viejos
5. los días difíciles	10. los guías nuevos

Ex. 3

1. el pueblo viejo	6. los días difíciles
2. las ciudades nuevas	7. un libro grande
3. un momento difícil	8. los problemas grandes
4. un vino blanco	9. las palabras pequeñas
5. los hoteles modernos	10. los mecánicos jóvenes

Ex. 4

1. algún hijo	6. el primer problema
2. ninguna hija	7. la tercera palabra
3. un gran hotel	8. los buenos hijos
4. los grandes libros	9. el buen padre
5. el capítulo tercero	10. una gran película

Ex. 5

1. una buena amiga	6. el mal hotel
2. el tercer libro	7. la buena cerveza
3. la primera lección	8. el buen vino
4. una gran mujer	9. algún libro
5. los buenos hombres	10. una gran revista

Ex. 6

1. la señora española	5. los hoteles españoles
2. los hombres ingleses	6. los ingleses populares
3. la casa francesa	7. el libro francés
4. las mujeres inglesas	8. las ciudades españolas

Ex. 7

1. mis amigos pobres
2. sus casas modernas
3. tus amigas inglesas
4. mis hijos

5. nuestras habitaciones
6. nuestros profesores
7. mis viajes
8. tus oportunidades

Ex. 8

1. su
2. sus
3. su
4. nuestro

5. su
6. Mi
7. tu
8. nuestras

CHAPTER III

Ex. 1

1. pit
2. spit
3. skit
4. cool
5. pal

6. cone
7. scone
8. scat
9. puff
10. scour

Ex. 2

1. quince
2. veintiocho

3. ochenta y cuatro
4. treinta y dos
5. veintiuno

Ex. 3

1. cuatro
2. noventa y una
3. ocho
4. un

5. veintiuna
6. cinco
7. treinta
8. veinticuatro

Ex. 4

1. el tercer día
2. la cuarta semana
3. la tercera lección
4. el primer mes

5. las primeras aguas
6. la segunda casa
7. los primeros meses
8. el tercer edificio

Ex. 5

1. Ella
2. Ellos
3. El

4. Ella
5. Ellos
6. Ellas

Ex. 6

1. Yo
2. tú
3. Yo

4. yo
5. nosotros

Ex. 7

1. soy
2. es
3. eres

4. son
5. es
6. soy

Ex. 8

1. Los turistas son de Alemania.
2. El coche es de un cliente del taller.
3. La ventana es de vidrio.
4. La casa es de madera y vidrio.
5. Ramiro es de Piquera.
6. La Srta. Skilbeck es de Inglaterra.
7. El coche es de metal, vidrio y plástico.
8. La pensión es de mi amiga Carmen.

CHAPTER IV

Ex. 1

1. poder
2. sin dormir
3. el dinero
4. mucho dinero
5. ¿de dónde?

6. los detectives
7. el dueño
8. nada
9. la verdad
10. comida

Ex. 2

1. come
2. vives
3. hablamos
4. aprenden

5. compro
6. hablo
7. paga
8. vivimos

Ex. 3

1. a
2. ---
3. ---
4. ---
5. ---
6. a
7. de

Ex. 4

1. ---
2. que
3. que
4. ---
5. que
6. que
7. que
8. ---
9. que
10. que

Ex. 5

1. soy
2. son
3. está
4. está
5. está
6. está
7. está
8. son

CHAPTER V

Ex. 1

1. vamos
2. otro baile
3. basta
4. voy a ver
5. nuevo
6. ¿A dónde va?
7. trabajar
8. viene
9. vive
10. en invierno

Ex. 2

1. Prefiero café.
2. Empiezo a estudiar.
3. Cierro el taller.
4. Quiero coñac.
5. Recuerdo la película.
6. Sirvo chocolate.
7. Pruebo jamón.
8. Vuelvo al pueblo.
9. Pido cerveza.
10. Repito las palabras.

Ex. 3

1. Pedimos vino.
2. Pensamos mucho.
3. Cerramos el coche.
4. Dormimos ocho horas.
5. Servimos café.
6. Probamos la tortilla.
7. Queremos oportunidades.
8. Perdemos dinero.

Ex. 4.

1. quiere
2. prefiere
3. sirve
4. pierdo
5. quiere

6. puedo
7. prefieres
8. vuelves
9. pierde

Ex. 5

1. a
2. a
3. ---
4. al

5. al
6. ---
7. a
8. al

Ex. 6

1. conoce
2. Sabe
3. conozco
4. saber

5. saber
6. conoce
7. sabe, conozco

Ex. 7

1. pide
2. preguntas
3. pregunta

4. pregunta
5. pedir
6. pedir

Ex. 8

1. hace
2. tiene
3. tengo
4. tenemos

5. tiene
6. hace
7. hace

Ex. 9

1. sueño
2. frío
3. calor
4. hambre
5. razón

6. estudiar
7. años
8. prisa
9. sed

CHAPTER VI

Ex. 1

1. cien
2. ciento un
3. mil novecientos ochenta y dos
4. mil cuatrocientos noventa y dos
5. noventa
6. quinientas
7. setecientas cincuenta y seis
8. doscientas
9. novecientos seis

Ex. 2

1. el muchachito
2. el hijito
3. el talentito
4. el hotelito
5. el papelito
6. la cosita
7. la amiguita
8. la chiquita

Ex. 3

1. rica
2. pobre
3. guapo
4. barata
5. frías

Ex. 4

1. La casa roja es la más grande de las tres casas.
2. Pedro es el más alto de los tres estudiantes.
3. Segovia es la más grande de las cuatro ciudades.
4. Este es el más bello de los cinco pueblos.
5. Este es el más pequeño de los tres libros.

Ex. 5

1. más rápido
2. más guapa
3. más ricas
4. más difícil
5. más distinguidas

Ex. 6

1. Este vino es mejor que el vino de casa.
2. La chica es mayor que su amiga.
3. El Mercedes es más rápido que el Seat.
4. Los dos hijos son tan altos como sus padres.
5. El chico tiene tanto talento como el jefe.
6. Este libro tiene tantas páginas como el suyo.
7. Las iglesias son más grandes que los hoteles.
8. Los días de verano son más largos que los de invierno.

Ex. 7

1. Sí, la tengo.
2. Sí, los tiene.
3. Sí, le conocemos.
4. Sí, los fumo.
5. Sí, lo sé.
6. Sí, preferimos tomarlo con leche.
7. Sí, la tengo.
8. Sí, la modista la espera.
9. Sí, las tenemos.
10. Sí, quiero aprenderlo bien.

CHAPTER VII

Ex. 1

1. Sí, voy a dormir.
2. Sí, voy a beber.
3. Sí, vamos a correr.
4. Sí, voy a tomar una siesta.
5. Sí, voy a abrir la ventana.
6. Sí, vamos a estudiar.
7. Sí, van a hablar español.
8. Sí, voy a comprar ropa.
9. Sí, voy a pedir permiso.
10. Sí, voy a dejar este empleo.

Ex. 2

1. Son
2. es
3. es
4. es
5. está

6. ser
7. estoy
8. Estamos
9. está
10. estar

Ex. 3

1. estos   4. esas
2. esas   5. aquellos
3. esos   6. aquellas

Ex. 4

1. aquélla   4. este
2. ésta   5. Aquel
3. ésos   6. aquella

Ex. 5

1. ¿Va a pagarle o no?
2. Te presento a mi profesor.
3. Queremos venderles estos coches.
4. No me dice la verdad.
5. No tengo ganas de darte mi coche.
6. El camarero nos trae la cuenta.

Ex. 6

1. le   4. Les
2. le   5. nos
3. me   6. te

Ex. 7

1. gusta   5. gustan
2. gusta   6. gustan
3. gustan   7. gustan
4. gusta   8. gusta

CHAPTER VIII

Ex. 1

1. por   5. hora
2. risa   6. reparar
3. Ramón   7. radio
4. garaje   8. regla

Ex. 2

1. llegó
2. Comí
3. Tomaste
4. gustó

5. Compramos
6. Vieron
7. escribió
8. Abrieron

Ex. 3

1. Ayer llegaron dos coches.
2. ¿El año pasado cuánto dinero ganaste?
3. ¿Anoche le gustó el programa de televisión?
4. Ayer comimos dos filetes con papas fritas.
5. El verano pasado me gustaron los árboles.
6. Anteayer trabajé en el mismo taller.
7. Ayer la modista me esperó en casa.
8. El año pasado aprendimos el español de la calle.
9. ¿El verano pasado por qué no escribieron postales de París?

Ex. 4

1. Sí, la comí esta mañana.
2. Sí, la tomamos en Alemania.
3. Sí, lo vi esta mañana.
4. Sí, lo escribí.
5. Sí, lo comimos.
6. Sí, las celebré en casa.

Ex. 5

1. Sí, ya les serví.
2. Sí, ya le escribí.
3. Sí, ya les ayudaron.
4. Sí, ya le presenté.
5. Sí, ya les hablé.

CHAPTER IX

Ex. 1

1. vinieron
2. estuvo
3. tuvo
4. supiste
5. hizo
6. pusieron
7. dijeron
8. trajiste
9. fue
10. dio

Ex. 2

1. pidió
2. Repitieron
3. durmió
4. prefirió
5. pidieron
6. murieron
7. Preferimos
8. durmieron

Ex. 3

1. dijeron
2. quiso
3. fui
4. dio
5. tuvimos
6. tuvieron
7. estuviste
8. durmió

Ex. 4

1. dice
2. Tenemos
3. Estoy
4. es
5. van
6. dice
7. piden
8. puedo

Ex. 5

1. pagué
2. llegaste
3. empezó
4. busqué
5. tocaron
6. pagamos

Ex. 6

1. leyó
2. Oyó
3. creyeron
4. fueron
5. contribuyeron
6. oí

Ex. 7

1. nosotros   5. nosotros
2. ti   6. ti
3. Vd.   7. ellos
4. mí

CHAPTER X

Ex. 1

1. rosa   6. distraído
2. cosa   7. cine
3. fiesta   8. paso
4. rasgo   9. es de
5. semana   10. este

Ex. 2

1. valía   5. estaba
2. era   6. teníamos
3. Eran   7. gustaba
4. hacía   8. llamaba

Ex. 3

1. Decía
2. Tomábamos
3. reparaba
4. era

CHAPTER XI

Ex. 1

1. Eran, llegó   6. tenía, comíamos
2. vivían, tenían   7. preguntó, había
3. estaba, entró   8. respondió
4. discutían, hablábamos   9. dijo, gustaba, era
5. dijo, estaba

Ex. 2

1. quería
2. dijo
3. iba
4. podía
5. Vino
6. estaba
7. llegó
8. volvió

9. llamó
10. dijo
11. tenía
12. podía
13. se enfadó
14. tuvo
15. Salió
16. cogió

Ex. 3

1. comprando
2. aprendiendo
3. mirando
4. escribiendo
5. leyendo

6. destruyendo
7. oyendo
8. distribuyendo
9. pidiendo
10. viniendo

Ex. 4

1. El chico está haciendo la reparación.
2. El hombre está cambiando las placas del coche.
3. Los dos están nadando en la piscina.
4. Tú me estás pidiendo un favor.
5. Ahora estamos durmiendo la siesta.
6. Los alumnos están leyendo novelas en clase.
7. ¿Qué están diciendo esos hombres?
8. Estamos comiendo demasiado.
9. Están construyendo un nuevo taller en el centro.

Ex. 5

1. La madre y la hija estaban comiendo pasteles.
2. El mecánico estaba reparando el coche antiguo.
3. La alumna estaba comprando una pluma en la tienda.
4. Estaba cayendo una lluvia constante.
5. La joven no estaba pidiendo nada a su madre.
6. El profesor estaba enseñando matemáticas.
7. En la radio estaban dando las noticias.
8. La señora estaba sirviendo café a los turistas ingleses.

CHAPTER XII

Ex. 1

1. hable, hablen
2. aprenda, aprendan
3. sepa, sepan
4. pida, pidan
5. sirva, sirvan

6. duerma, duerman
7. juegue, jueguen
8. discuta, discutan
9. viva, vivan
10. comente, comenten

Ex. 2

1. ¡Arréglela Vd!
2. ¡Escríbalas Vd!
3. ¡Apréndala Vd!
4. ¡No lo escuche Vd!
5. ¡Mírele Vd!
6. ¡Hábleles Vd!

7. ¡Escúchele Vd!
8. ¡No le pida Vd. dinero!
9. ¡No las aprendan Vds!
10. ¡Explíqueles Vd. la gramática!
11. ¡No les diga Vd. mentiras!
12. ¡Hágala Vd. ahora mismo!

Ex. 3

1. ¡Que hable Pablo español!
2. ¡Que me esperen ellos en casa!
3. ¡Que lo comas tú!
4. ¡Que no lo sepa mi padre!
5. ¡Que lea Maribel la revista!
6. ¡Que hagas tú la reparación!
7. ¡Que no duerman en clase!
8. ¡Que sirva la criada café a los clientes!

CHAPTER XIII

Ex. 1

1. lago
2. pagamos
3. gastar
4. mucho gusto
5. algo
6. una gata

7. ganamos
8. hago
9. sin gusto
10. el gordo
11. halago
12. con gas

Ex. 2

1. ¡aprende!
2. ¡vive!
3. ¡cuida!
4. ¡ve!

5. ¡haz!
6. ¡ten!
7. ¡informa!
8. ¡lee!

9. ¡habla!
10. ¡ven!
11. ¡duerme!
12. ¡corre!

Ex. 3

1. ¡No leas!
2. ¡No tengas!
3. ¡No hables!
4. ¡No comas!
5. ¡No vengas!
6. ¡No pongas!
7. ¡No duermas!
8. ¡No oigas!
9. ¡No tomes!
10. ¡No salgas!
11. ¡No hagas!
12. ¡No vueles!

Ex. 4

1. ¡No escribáis!
2. ¡No comáis!
3. ¡No leáis!
4. ¡No pongáis!
5. ¡No seáis!
6. ¡No estéis!
7. ¡No uséis!
8. ¡No vayáis!

Ex. 5

1. ¡No escriban Vds!
2. ¡No coman Vds!
3. ¡No lean Vds!
4. ¡No pongan Vds!
5. ¡No sean Vds!
6. ¡No estén Vds!
7. ¡No usen Vds!
8. ¡No vayan Vds!

Ex. 6

1. ¡Escriba Vd!
2. ¡Salga Vd. de aquí!
3. ¡Póngalo Vd. allí!
4. ¡No venga Vd. ahora!
5. ¡Hágalo Vd. bien!
6. ¡Cómalo con prisa!

Ex. 7

1. ¡Leamos el periódico!
2. ¡Hagamos la reparación aquí!
3. ¡Nademos en la playa!
4. ¡No escuchemos sus tonterías!
5. ¡Escribamos estas palabras!
6. ¡Preparemos la cena!

Ex. 8

1. la casa mía
2. el amigo mío
3. el coche suyo
4. los libros nuestros
5. el pueblo tuyo
6. la ciudad suya
7. los padres míos
8. las amigas tuyas

CHAPTER XIV

Ex. 1

1. faltan
2. interesa
3. parecen
4. encanta

5. quedan
6. gusta
7. parecen

Ex. 2

1. Le falta dinero.
2. Les gusta la cerveza.
3. Le quedan diez dólares.
4. Le encantó el viaje.
5. Les faltaba talento.
6. Le interesaba la mujer.

Ex. 3

1. Nos
2. Me
3. Se
4. Duérmase
5. te

6. te
7. acostarse
8. se
9. se

Ex. 4

1. se bañan
2. se aburrió
3. se divierten
4. se durmieron

5. se acuesta
6. nos quitamos
7. lavarse

Ex. 5

1. Vd. no me la dio.
2. El va a mandármela mañana.
3. ¡No se la diga Vd.!
4. Anoche me la robaron en la calle.
5. El hombre nos las dijo sin vergüenza.
6. Yo se la vendí ayer.
7. Ellos se lo sirvieron en la terraza.

Ex. 6

1. leas
2. vaya
3. se duerman
4. vuelva
5. hagamos
6. te levantes
7. arreglemos

Ex. 7

1. El quiere que vayamos.
2. Me pide que compre una botella de vino tinto.
3. Prefiero que lo hagas ahora.
4. El jefe dice que lo pintes de rojo.
5. Insisten que tomemos café con ellos.
6. No le aconsejo que haga el viaje en verano.
7. Quiero que Vd. lea este libro.
8. No permite que miremos la televisión.

CHAPTER XV

Ex. 1

1. se cierra
2. se habla
3. se dice
4. se venden
5. Se dice
6. se prepara
7. se comen
8. se toma

Ex. 2

1. Se vendió la casa ayer.
2. Se habla español.
3. Se pronuncia la palabra así.
4. Se dice que el presidente no es muy honrado.
5. Se nada mucho aquí en verano.
6. Se come la trucha con limón.
7. Se preparaba la ternera con una salsa picante.
8. Se aprenden muchas lenguas.
9. Se toma el aperitivo antes de comer.

Ex. 3

1. para
2. por
3. por
4. para
5. por
6. por
7. para
8. para
9. por
10. por

Ex. 4

1. para	9. por
2. por	10. para
3. para siempre	11. para
4. para	12. por
5. para	13. por
6. para	14. por
7. por	15. Está para
8. por	

Ex. 5

1. No me escribe nunca una carta.
2. ¡No sabe nada ese tonto!
3. No tomamos nunca vino tinto.
4. ¿No conoces a nadie en toda la ciudad?
5. ¡No me dio nada mi amigo!
6. No entiende ninguna persona lo que dices.

Ex. 6

1. No tiene nada que decir.
2. No conoce a nadie en Puebla.
3. No dice eso nunca.
4. No vendió ningún coche ayer.
5. Eso no es nada importante.
6. Nadie lo sabe.

Ex. 7

1. se hizo	5. hacerse
2. se volvió	6. me puse
3. se puso	7. se puso
4. te pusiste	8. llegó a ser

CHAPTER XVI

Ex. 1

1. hablaré
2. aprenderemos
3. dirá
4. atacará
5. saldremos

6. tendrás
7. me harán
8. saldrán
9. vendrán

Ex. 2

1. Mañana no vendrá mi amigo.
2. Mañana tendrán mucho trabajo.
3. Mañana será cuestión de política.
4. Mañana no haré nada.
5. Mañana me dirán mentiras.
6. Mañana no podrás rechazarlo.
7. Mañana convendrá salir más temprano.
8. Mañana sabremos la solución.
9. Mañana los ciudadanos tendrán miedo.

Ex. 3

1. Me alegro que él no esté enfermo.
2. Siento mucho que tú no puedas venir.
3. El jefe se enfada que el empleado llegue tarde siempre.
4. Nos preocupamos mucho que la hija no duerma.
5. Ellos sienten que no venga pronto el verano.
6. Espero que Vds. hablen inglés.
7. Me preocupo que no sean mis amigos.
8. Me enfado que no sepan la respuesta.

Ex. 4

1. No quiero que él salga (vaya).
2. Ellos prefieren que yo tome leche.
3. Insisto que Vd. se haga abogado.
4. Me pide que le lea.
5. Se alegra que vengan temprano.
6. Siento no poder ir.
7. Siente que no vayamos con él.
8. Se enfada que el coche no esté arreglado ya.
9. Insisten que rechacemos la propuesta.
10. Espero que Vd. aprenda portugués también.

CHAPTER XVII

Ex. 1

1. Es necesario que Vds. me acompañen.
2. Es imposible que el no acepte la carta.
3. Es probable que mañana salgan de viaje.
4. Es lástima que Vd. tome un taxi.
5. Es posible que el médico no lo recuerde.
6. Es raro que haga frío en el verano.
7. Es importante que ella vaya a un balneario.
8. Conviene que durmamos ocho horas.

Ex. 2

1. Es importante que tú leas un periódico.
2. Es lástima que estén enfermos.
3. Conviene que él recomiende medicina.
4. Es necesario ir con un guardaespaldas.
5. Es probable que ellos rechacen la propuesta.
6. Es fácil que él diga eso.
7. Basta que Vd. escriba dos páginas.
8. Es malo que él no tenga un plan.

Ex. 3

1. No es cierto que Vicente quiera a Maribel.
2. Es dudoso que ella vaya a casarse.
3. Niego que ellos hayan cambiado de opinión.
4. No creo que esto sea muy bonito.
5. Hay duda que aquí me conozca mucha gente.
6. El jefe no cree que venga un cliente nuevo.

Ex. 4

1. tomado		6. roto
2. vivido		7. sido
3. armado		8. puesto
4. hecho		9. escrito
5. visto		10. vuelto

Ex. 5

1. han empezado		6. han tenido
2. ha estado		7. ha hablado
3. hemos vuelto		8. he hecho
4. ha sido		9. han ido
5. ha escrito		10. ha visto

Ex. 6

1. La he recibido.
2. Los hemos mandado de nuestra parte.
3. Me la ha vendido.
4. Las hemos conocido.
5. Las he hecho bien.
6. La han comprado.
7. Me la ha leído.
8. Mi amigo lo ha tenido hoy.

CHAPTER XVIII

Ex. 1

1. Los libros están abiertos.
2. El dinero está perdido.
3. Las dos páginas están escritas.
4. La carne está preparada.
5. El campo está cubierto de nieve.
6. El trabajo está hecho.

Ex. 2

1. arregle
2. ayude
3. pueda
4. sabe
5. cante
6. sea

CHAPTER XIX

Ex. 1

1. comieras
2. saliera
3. fueran
4. estuviera
5. dijeras
6. pusiera
7. se levantara
8. trajera
9. escribieras
10. leyéramos

Ex. 2

1. Era dudoso que ellos lo tuvieran.
2. Quería que me lo compraras.
3. Sentía que estuvieras enfermo.
4. No creía que viniera.
5. Dudaba que te lo dijera.
6. Negaba que mi hijo fuera ladrón.

7. No había nada que se pudiera hacer.
8. No conocía a nadie que tuviera un coche así.
9. Necesitábamos un profesor que enseñara matemáticas.
10. Era posible que él lo supiera.

Ex. 3

1. El prefería que escribiéramos con pluma.
2. No conocían a nadie que pudiera reparar el coche.
3. El quería que fuéramos también.
4. Era importante que se quedaran muy callados.
5. Era lástima que vinieran tan tarde.

Ex. 4

1. Hace un año que vive en Segovia.
2. Hace cinco años que es mecánico.
3. Hace tres años que aprendo inglés.
4. Hace dos semanas que estoy en los EE.UU.
5. Hace un mes que no me escribe mi padre.
6. Hace diez años que estamos casados.
7. Hace seis meses que trabaja en el taller.

Ex. 5

1. Vive en Segovia hace un año.
2. Es mecánico hace cinco años.
3. Aprendo inglés hace tres años.
4. Estoy en los EE.UU. hace dos semanas.
5. No me escribe mi padre hace un mes.
6. Estamos casados hace diez años.
7. Trabaja en el taller hace seis meses.

Ex. 6

1. Hace tres años que estuvo en Alemania.
2. Hace un año que vivió en Piquera.
3. Hace una semana que mi hija me escribió una carta.
4. Hace cinco días que se casaron.
5. Hace dos años que aprendieron a nadar.
6. Hace tres semanas que estuvimos en Segovia.

Ex. 7

1. Vive aquí hace un año.
2. Salió de aquí hace un año.
3. Trabaja en el bar hace cinco años.
4. Se casaron hace cuatro años.
5. Estudio español hace dos años.

CHAPTER XX

Ex. 1

1. tomaría
2. comeríamos
3. saldrías
4. daría
5. haría

6. diría
7. pondríamos
8. serías
9. querrían
10. tendría

Ex. 2

1. vendrían
2. llegarían
3. aceptaría

4. querría
5. haría
6. estarían

Ex. 3

1. fueran
2. estuviera
3. tuvieras

4. dijeran
5. viviera

Ex. 4

1. fuera
2. tengo
3. estuvieran

4. llueve
5. tuviera
6. necesita

CHAPTER XXI

Ex. 1

1. El mecánico reparó el coche.
2. Todos escucharon la radio.
3. La policía anunció los detalles.
4. El ayudante realizó el secuestro.
5. El dueño alquiló la habitación.
6. La madre preparó la tortilla.

Ex. 2

1. Los dos coches robados fueron encontrados por la policía.
2. Las reparaciones fueron hechas por Ramiro.
3. El ladrón fue observado por el detective.
4. Las memorias fueron escritas por el autor.

Ex. 3

1. tengan   5. ayudes
2. vuelva   6. escucharan
3. acompañes   7. dijeran
4. viniera

Ex. 4

1. La novela está escrita.
2. El camión está reparado.
3. El dinero está perdido.
4. El coche está pintado de rojo.
5. El trabajo está terminado.
6. Las puertas están cerradas.
7. La comida está servida.
8. Las frutas están lavadas.

CHAPTER XXII

Ex. 1

1. venga   5. vuelvas
2. vean   6. entraron
3. abrió   7. termines
4. salga   8. te sientas

Ex. 2

1. cuesta   3. quieres
2. esté   4. sea

Ex. 3

1. (El) trabajar diez horas es demasiado.
2. Siempre prefería dormir en la mañana.
3. (El) hablar tanto me cansa.
4. Después de escribir la carta....
5. Sin abrir el libro....
6. Antes de servir la cena....

Ex. 4

1. Le hice arreglar mi bicicleta.
2. Me prohibieron fumar en la casa.
3. ¿Por qué le mandaste salir del pueblo?
4. La policía no permitió entrar a nadie.

CHAPTER XXIII

Ex. 1

1. La mujer que está escribiendo....
2. ¿Qué es la vida?
3. ¿Cuáles son sus padres?
4. ¿De quién es ese coche?
5. El hombre cuyos hijos están jugando....
6. ¿Cuál de los coches fue robado?
7. El libro que Vd. tiene....
8. ¿A quién escribió Vd.?
9. ¿Para quién hizo él eso?
10. Los que (or Quienes) viven con la violencia....

CHAPTER XXIV

Ex. 1

1. habremos estudiado
2. habíamos comido
3. habría vuelto
4. lo han roto
5. Pablo habrá comprado
6. Vd. lo habría escrito
7. que hayan traído
8. que hubieran dicho
9. han puesto
10. habrían ido

Ex. 2

1. habrán venido
2. habrá terminado
3. habrá leído
4. habrán vuelto
5. habrá comido
6. habrá cambiado

Ex. 3

1. habría terminado
2. habrían hecho
3. habría llegado
4. habríamos comido
5. habría viajado

CHAPTER XXV

Exercise on Subjunctive

1. Quizás llueva.
2. Por mucho que trabaje, nunca tengo bastante dinero.
3. El comisario quería que él volviera a su pueblo.
4. Es importante que Vd. conduzca con cuidado.
5. Ya será primavera cuando vuelvan los pájaros.
6. Yo no voy a pedir la comida a no ser que Vd. escoja el vino.
7. Aunque sea un ladrón, es divertido estar con él.
8. Adondequiera que vaya en Europa, hay muchos turistas.
9. Si no hubieras gastado tanto en (por) bebidas, tendríamos bastante para la cena.
10. No le gustó que fuéramos juntos al cine.